나 한 전
문 살에
넋을 놓다

나한전 문살에 넋을 놓다

초판1쇄 발행 2011년 12월 30일
초판2쇄 발행 2012년 2월 10일

지은이 박필우
펴낸이 이영선
펴낸곳 서해문집
이 사 강영선
주 간 김선정
편집장 김문정
편 집 허 승 임경훈 김종훈 김경란 정지원
디자인 오성희 당승근 안희정
마케팅 김일신 이호석 이주리
관 리 박정래 손미경

출판등록 1989년 3월 16일 (제406-2005-000047호)
주 소 경기도 파주시 교하읍 문발리 파주출판도시 498-7
전 화 (031)955-7470 | **팩스** (031)955-7469
홈페이지 www.booksea.co.kr | **이메일** shmj21@hanmail.net

ⓒ 박필우, 2011
ISBN 978-89-7483-503-3 03900

이 도서의 국립중앙도서관 출판시도서목록(CIP)은 e-CIP홈페이지(http://www.nl.go.kr/ecip)와 국가자료공동목록시스템
(http://www.nl.go.kr/kolisnet)에서 이용하실 수 있습니다.(CIP제어번호: CIP2011005579)

나한전 문살에 넋을 놓다

박필우 지음

서해문집

⊙머리말⊙

　사람들은 무료하거나, 저자거리 생활에 힘들어 할 때 여행을 떠난다. 산을 찾기도 하고, 넓은 바다를 보며 자아를 발견하기도 한다. 나도 별반 다르지 않다. 조금 다른 점이 있다면 우리의 역사를 거슬러 오르는 시간여행을 한다는 것이며, 역사가 내게 던지는 교훈과 우리의 문화재가 주는 진실에 사색하고 사고하며 나를 찾아 가는 살짝 틀어진 답사여행을 할 뿐이다.
　나는 내 방식대로 걷고 웃고 춤춘다. 나는 역사학자도 아니며, 미술사가도 아니다. 전문가들의 노력이 담긴 수많은 책을 찾아 읽고 그 속의 지식들을 내 것으로 소화시키려 애를 쓴다. 지식의 생산자로서가 아니라 유통과정을 거쳐 지식과 감성을 적당히 버무린 소매점의 전달자 역할을 하는 셈이다. 답사지에 서면 고증을 일삼지 않으려 애쓰는 여행객일 뿐이다. 그리고 문화재 내면의 고통과 절박한 사연에 귀를 기울인다. 하층민들의 피와 땀을 기억해내며 드러나는 아름다움에 감탄만 하지 않는다는 뜻이다. 지적 사치에 길들여지길 거부하며, 어쩌면 진실은 불편할 수도 있다는 사실을 담담히 받아들인다. 그리고 내면의 아름다움을 찾기 위해 좁은 가슴을 연다.

'미래의 기억'이 바로 꿈이며 소망이라면, 그 꿈의 종착지는 결국 답사의 궁극적 목표와 같다. 그 목표는 착하고 정의롭게 살기 위함이며, 그러면서도 가슴은 따뜻하게, 짧지만 아무것도 이루지 못할 만큼은 아닌 이 세상을 알뜰하게 살아가다 행복하고, 즐겁게 죽어가고 싶은 욕심이다. 결국 답사 여행이란 나를 찾아가는 마음의 보약이다.

10년 넘게 우리의 옛것을 찾아다닌 결과물을 조심스럽게 내놓게 되었다. 두렵기도 하고 가슴 설레기도 한다. 미천한 글을 선뜻 선택해 주신 서해문집 관계자 분들께 참 감사드리며, 이 책이 나올 수 있게 용기를 주신 한국방송통신대학교 문화교양학과 송찬섭 선생님께 감사 인사를 올린다.

차례

머리말 · 4

::사찰

남해 용문사	등용의 꿈 · 11
승주 선암사	눈물이 나면 선암사로 가라 · 21
여수 향일암	바다를 품다 · 28
합천 청량사	맑은 기운 가득한 청량함 · 35
부여 무량사	오롯한 매월당의 숨결 · 43
여주 신륵사	청자빛 남한강가의 벽절 · 52
구례 연곡사	바람결에 찾은 이방인 · 65
양산 통도사	어머니 발길 따라 · 73
강화 정수사	가을 햇살에 조는 아이처럼 · 86
해남 미황사	늘 그리운 땅끝 절집 · 91
영주 성혈사	아름다운 문살에 넋을 놓다 · 100

::폐사지

여주 고달사지	석공 고달의 아픈 손길 · 113
합천 영암사지	멈춰 버린 춤사위 · 125
보령 성주사지	고요한 수다 · 136
강릉 신복사지	일편단심 그리움인가 · 144
남원 만복사지	잔설에 덮인 옛 절터 · 149
원주 거돈사지	바람도 멈추는 고요 · 155
울산 망해사지	처용설화가 깃든 절집 · 162

석탑

청도 장연사지 삼층석탑　참 쓸쓸한 매력 · 171
선산 죽장동 오층석탑　햇살 머금은 아름다움 · 176
영양 봉감모전오층석탑　오랜 세월 우수 어린 고독 · 181
강진 월남사지 삼층석탑　슬픈 전설의 여인 · 187
창녕 술정리 삼층석탑　참 단아한 맛 · 191
구미 낙산동 삼층석탑　가을 타는 석탑 · 196
정읍 은선리 삼층석탑　단정한 키다리의 멋 · 201
예천 개심사지 오층석탑　흉내낼 수 없는 아름다움 · 207
익산 왕궁리 오층석탑　포슬포슬 황토가 묻어날 것 같은 · 213
칠곡 송림사 오층전탑　아름다운 조화 · 218

불상

칠곡 노석리 마애불상군　침묵과 고요의 공간 · 227
창녕 관룡사 용선대 석조여래좌상　지혜의 길 · 234
예천 한천사 철조여래좌상　온화한 미남불 · 239
고창 선운사 동불암지 마애여래좌상　아들아이와 함께 · 243
서산 용현리 마애여래삼존상　백제인의 슬픈 미소 · 252
경주 남산 불상군　살아 있는 박물관 · 259

●
●
●

사찰

남해 용문사

승주 선암사

여수 향일암

합천 청량사

부여 무량사

여주 신륵사

구례 연곡사

양산 통도사

강화 정수사

해남 미황사

영주 성혈사

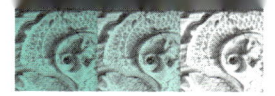

용문사

경상남도 남해군 이동면 용소리

등용의 꿈

경남 남해에는 보물 같은 문화가 오랜 역사와 함께 맥을 이어 오고 있다. 그중 하나를 꼽으라면 나는 주저 없이 용문사를 꼽는다. 내 고향에 자리한 신라 대찰의 이름과 같기 때문이지만 학창시절 미술학도의 꿈을 안고 스케치를 하기 위해 찾던 단골 장소였기 때문에 '용문사'라는 이름은 더 친근하게 느껴진다. 그러니 남해를 찾을 때마다 아련한 추억을 안고 오르는 용문사일 수밖에 없다.

용문사龍門寺, 이무기가 등용의 꿈을 안고 드는 곳이다. 나 같은 장돌뱅이가 불심佛心의 세상에 들기 위해 마음을 비운 척하며 달려드는 곳이기도 하다.

지형으로 보자면 기세 좋은 산세 아래 용문사가 안착하고 있는 곳이 바로 호구산虎丘山이다. 용문사는 포근히 감싸고 있는 호구산 가운데 불심 가득히 똬리를 틀어 호랑이 뱃살 아래 용호상박의 장엄함을 연출하고 있다. 조금 달리 표현하자면 병풍처럼 겹겹이 둘러쳐진 산 가운데 수줍은 여인처럼 낭창히 들어앉아 있는 모습이며, 건물 하나하나가 절묘한 산지가람으로 배치되어 있다. 모습은 그렇게 보일지라도 가히 천지天地의 기가 모여 있음을 한눈에 알 수 있다. 임진왜란 때 승병의 기지였으며, 조선 수군들의 주둔지였다니 호국의 기지로서도 그 역할을 다했음을 미루어 짐작한다. 오목하게 들어간 좁은 입구 탓에 천연의 요새가 되어 용과 호랑이의 기세가 그곳을 지탱했던 것은 아닐까? 용문사엔 사명당의 뜻을 받들어 치열하게 싸운 당시의 유품들이 남아 있다. 또한 용문사는 유난히 민간신앙과 많이 접목되어 전북 고창 선운사와 더불어 지장사찰로 유명하다.

　용문사에 이르는 길은 계곡을 따라 호젓하게 오를 수 있어 참 좋다. 그렇게 오르면 오른편 언덕에 부도밭이 나온다. 사실 나는 부도밭을 좋아하는데 그중에서도 해남 미황사 부도밭과 이곳 용문사 부도밭을 좋아한다. 이름 모를 고승들의 무덤을 왜 좋아할까? 여전히 의문이지만 굳이 따져 보자면 적막한 가운데서 선善을 생각하는 여유가 생겨나기 때문이라 할 수 있다.

　용문사 부도밭에 서면 자연과 역사가 주는 겸허함과 세월의 무거운 화두를 가볍게 덜어 내며 사색에 잠길 수 있어 참 좋다. 사실 꽉 찬 절집의 공간은 더 이상 생각할 것도 없는 완전한 세상을 표현하고 있다. 후불탱화가 그렇고, 내부 공간 표현이 그렇고, 단청이 그렇듯 장엄세계를 이루고 있다. 그렇지 않은 곳이 바로 부도밭이다. 동양화처럼 비어 있어 자신의 삶을 직시할 수 있는 여백의 아름다움이 있다.

　멀리 부도밭이 보일 때쯤 마음은 그리움에 설레고 내쉬는 공기는 달게 느껴진다. 늦은 오전 아무도 없는 공간을 홀로 독차지할 수 있다는 것은 나만의 유려한 자유를 꿈꿀 수 있다는 뜻이며, 어떠한 고독도 내 안에서 녹여 내고, 또 드러내 놓아도 거리낌 없는 해방감을 맛볼 수

부도밭 전경

팔각 원당형 부도 아랫돌에 조각된 다양한 표정의 얼굴

있다는 희망을 갖게 한다. 고독한 대상을 만나면 나 또한 고독해지듯이 이끼 머금은 부도를 손끝 감촉으로 느끼다 보면, 한동안 적적했던 시간들을 보상이라도 하듯 사색에 잠긴다. 어떤 고승의 무덤일까? 어떤 삶을 살다가 훌쩍 떠나 버린 것일까?

부도밭에 다다를 때면 수목 우거진 주위 공간에 내딛는 걸음걸음 설렘이 가득하다. 재잘거림도 없는 천년 고찰을 찾는 마음 때문일까? 애써 설렘을 털어 내자 유난히 작은 부도가 눈에 띈다. 연꽃 봉우리가 채 피기도 전에 연잎이 아래로 내려와 하나의 작품을 이루는데 파릇한 이끼가 군데군데 쌓여 있다. 갈라진 속 상처를 감추려는 자연과 부도의 노력이다. 어린 시절 보드라운 생살에 난 상처를 엄마에게 들킬까 두려워 감추기 급급하던 시절의 내 마음과 닮아 있다. 그러나 사실은 화강석이 이끼라는 균에 의해 병들어 가는 중이다.

팔각 원당형 부도 아랫돌엔 각각의 표정을 한 얼굴들이 있다. 칠십이 넘은 나이에도 나를 보며 엄마가 보고 싶다고 울먹이던 누님의 얼굴도 있다. 내가 유난히 용문사 부도밭을 찾는 까닭인지도 모르겠다.

애써 털어 내고 부처님 세상으로 드는 일주문을 지나 다리를 건넌다. 사악한 마음을 내려놓고 맑고 깨끗한 마음으로 들어서라 하지만 사천왕상 앞에 서니 주눅이 드는 것은 여전히 마음의 때를 벗겨내지 못한 탓이다. 잡신을 밟고 있는 다른 사천왕상과는 달리 양반을 밟고 서 있는 모습이 이채롭다. 양반의 수탈과 핍박을 역설적으로 표현했는지, 아니면 탐관오리의 폭정에 굴하지 않는 민초들 삶의 분노를 대신 표현했는지는 모를 일이다. 아마도 임진왜란과 병자호란 이후 양반 계층의 기존 사회적 통념이 무너지는 과정에서 생겨난 것인지도 모르겠다. 하여

용문사 대웅전

간 표정이 재밌고, 조성될 당시 장인의 해학이 더 재밌으니 그 마음을 빌어 합장을 한다.

　사천왕상을 지나자 대웅전이 적당한 간격과 공간을 두고 두 팔을 활짝 벌려 반긴다. 하늘에서 막 착지한 듯 경쾌한 모습, 정면 세 칸의 다포계 팔작지붕의 귀마루 끝선이 하늘을 향해 살짝 들려 가장 이상적인 경지에서 딱 멈춰 있다. 고개를 들어 시선을 따라 움직이면 파란 하늘로 향하게 되며, 더불어 내 마음은 청량한 기운으로 가득 찬다. 대웅전 앞마당엔 크지도 작지도 않은 적당한 넓이를 두고 동·서로 탐진당과 적묵당이 있어 보는 이의 마음을 훨씬 편하게 해 준다. 또 대웅전 공포에 조각된 용머리는 어느 절집보다 커서 힘이 실려 있으며, 옆에서 바라보면 섬세한 조각과 단청이 조화롭게 트림하고 있다. 공포에 새겨진 용두는 이런 장돌뱅이를 고통만이 가득 차 있는 차안此岸의 세상에서 행복이 충만한 서방정토, 즉 피안彼岸의 세상으로 이끌어 주는 지혜를 담아내고 있다. 고개 숙여 불심에 기댈 수밖에 없게 만든다. 그러니 용문사 대웅전이 바로 반야용선이다. 반야는 지혜를 일컫는 말이지만 우리의 고통스러운 마음을 쓸어 주고 보듬어 준다. 지금이야 사라진 풍속이지만 우리가 죽어서 타고 가는 상여가 바로 반야용선이라고 생각하면 생의 겸허함을 또 한 번 느끼게 된다.

　대웅전 속 부처님 품으로 가까이 든다. 하늘에는 꽃비가 내리고 극락조가 춤을 추고, 작은 세상의 소품들로 큰 세상을 표현하며 부처님의 세상은 이러이러하다며 조용히 전하고 있다. 가만히 앉아 사색에 잠기고 참회하고 반성하는 공간에서 경의와 부러움에 찬 눈으로 올려다보니 시선이 마음을 급하게 잡아끈다. 지긋이 굽어보는 부처님의 눈매에 기대어 작은 소망 하나 내려놓고 슬며시 일어서 합장하고 뒷걸음질한다.

여기 대웅전 불단에 참 보물이 하나 들어 있지만 나는 볼 수 없다. 바로 조선 인조 때 시인으로 명성을 날렸으며, 특히 상례에 정통했던 촌은 유희경* 선생의 《촌은집》 책판이다. 어떤 연유로 이곳까지 흘러왔는지 알 수 없으나 최근에 남해군에서 해설을 덧붙여 번역본을 내놓았다. 남해의 아우님을 통해 한 권 귀하게 구할 수 있어 탐독하는 행운을 얻기도 했다. 촌은 유희경 하면 빠트려서는 안 되는 인물이 바로 부안의 기생 이매창이다. 매창梅窓은 호며, 계유년 태생이므로 계생癸生이라고 불렸다. 매창은 19세의 꽃다운 나이에 40대 중반의 유희경을 만나 사랑을 나눴다. 유희경은 조선 중기 문신이자 당시唐詩에 능통했던 박순朴淳으로부터 시詩를 배웠다. 매창과 유희경은 당대에 서로가 잘 알려진 인물이라 전부터 끌림이 있었다. 이후 해후를 하고 시詩로 화답을 나누었으니 마음이 통하고 몸도 통하는 것이 이치다. 2년이라는 꿈 같은 세월이 흐르고 회자정리해야 할 시간이 다가온다. 유희경이 서울로 간 사이 임진왜란이 터진 것이다. 유희경은 비록 천민 출신이지만 의병을 일으켜 왜군과 싸우고 있던 터라 매창을 만날 시간이 없었을 것이다. 그들은 서로를 그리워하며 시를 지어 주고받는다. 이때 유희경이 매창을 향해 지은 시가 《촌은집》에 기록되어 있다.

얼마 전 부안 지역 답사에서 매창의 시비詩碑가 있는 상소산 서림공원을 찾아 그를 그리워한 기억을 더듬어 본다. 굳이 꼽자면 매창은 황

---

* 유희경劉希慶(1545~1636). 호는 촌은村隱, 본관은 강화다. 임진왜란 때 의사들을 규합, 관군을 도왔으며, 광해군 때 이이첨이 폐모의 소를 올리기를 간청했으나 거절하고 그와 절교했다. 인조반정 후 왕은 그 절의를 가상히 여겨 가의대부로 승진시켰다. 문집으로 《촌은집》과 《상례초》가 있다.

진이, 허난설헌과 함께 조선의 삼대 여류시인이다. 아마 매창이 기생이 될 수밖에 없던 이유로는 어머니가 기생이었을 가능성이 높지만 어떤 사연인지 알 수는 없는 노릇이다. 그의 생은 태생적 한계에서부터 가냘 프고 한스럽고 애절하고 서글프다. 그의 시는 힘없이 가느다란 울림이 자, 자신의 처지에 지친 한계를 담고 있으며, 가슴에 맺힌 그리움의 대 명사처럼 절망에 지친 문장으로 가득 차 있다.

말은 못 하였어도 너무나 그리워
하룻밤 어둠에 귀밑머리 희었어요.
소첩의 마음고생 알고 싶으시다면
이 헐거워진 금가락지 좀 보시구려.

유희경이 서울로 올라간 후 왜란이 발발해 의병 활동을 하고 있을 때 매창이 지은 시다. 가슴이 울렁거렸다. 그리워 밤을 하얗게 보내다 생긴 흰 머리칼, 메마른 손가락에 사랑의 정표 가락지가 헐렁해진 만큼이나 힘겹게 보냈을 매창의 마음을 보는 것 같았다. 원망과 애정 어린 투정, 이토록 절절한데 뭐하시느라 여적인가, 빨리 돌아와 그리워 지친 마음 과 몸을 보듬어 주길 간절히 원하는 여인의 모습이 머리에 그려진다.

봄날이 추워 겨울옷을 꿰매고
사창에는 햇살이 비치는구나
머리 숙여 손길 가는 대로 맡기니
옥루가 바늘과 실을 적시는구나

매창의 시 〈자한自恨〉이다. 그리워 흐르는 눈물로 바느질이 제대로 되지 않는다는 서러움이 가득 담겨 있다. 무슨 연유인지 알 수 없지만 전란이 끝난 후에도 유희경은 매창을 찾지 않았다. 1607년 매창을 15년 동안 독수공방시킨 후 다시 부안을 찾은 유희경은 이미 환갑이 되어 버렸다. 매창의 나이 서른다섯, 기생의 신분에도 수절한 매창의 마음을 헤아려 보았지만 독수공방시킨 유희경의 심사는 또 무엇이었을까? 참으로 알 수 없는 노릇이다. 유희경은 얼마를 머물다 매창의 곁을 떠나고 다시는 만나지 못했다. 3년 후 서른여덟의 나이로 매창이 세상을 떠나고 말았기 때문이다. 《촌은집》에 실린 매창의 죽음을 애통해 하며 지은 유희경의 시를 읊으며 마무리하고자 한다.

임정자의 옥진*을 애도한 시에 차운함

맑은 눈동자에 하얀 이빨 푸른 눈썹을 가진 아가씨가
홀연히 뜬구름을 좇아 아득히 사라졌네.
비록 고운 넋은 폐읍으로 돌아갔지만
누가 옥골을 고향에다 묻어 줄까?
타지에서 죽어 새로 조문하는 이도 없고
다만 경대에는 지난날 향기만 남았네.

---

* 선인仙人을 이르는 말, 혹은 선녀. 이 시에서는 매창을 가리킨다.

정미년 연간에 다행히 서로 만났었지만
슬픔의 눈물 견딜 수 없어 옷깃을 흠뻑 적시네.

    대웅전 뒤뜰의 녹녹한 습기가 한가함을 더하고 십우도를 감상하는 발걸음이 여유롭다. 양반들이 즐겨 했다는 사군자 그림이 벽면을 장식하고 있어 천왕문 사천왕에 밟혀 있는 양반상과 대비시키며 미소 짓고, 순수한 이기적 동기에서 세속적인 욕망만을 추구해 왔던 저급한 인간으로서 지장보살께 사죄드렸다. 혹여 지옥의 문턱에서 만나면 할 말은 있어야 하니 말이다.
    이후 맑은 바람이 가슴을 스치고 나는 심하게 한가해진다. 보배로운 땅의 행복한 하루해가 그렇게 넘어가고 있었다. 해가 떨어지면 울던 아이도, 심하게 불던 바람도 잠에 든다는데 바로 오늘을 마감해야 하는 시간이 된 것이다. 문득 벗과 함께 하는 한잔 술이 그립다.

선암사

전라남도 순천시 승주읍 죽학리

눈물이 나면 선암사로 가라

작년 겨울 수은주가 속 깊은 줄 모르고 최저로 내려간 날 아이들과 함께 승보사찰* 송광사를 들른 다음 태고종 총림 선암사仙巖寺를 찾았을 땐 귀가 얼고 볼이 얼어 얇은 빛 하나도 반기며 걸었다. 이로써 세 번째 선암사를 찾는다. 한 번도 화려한 봄날이나 푸르름이 짙은 여름이나 만추의 가을에 찾은 적이 없다. 그렇다고 눈 내리는 고요한 때도 아니었고 앙상한 가지에 찬바람만 매섭게 불던 그런 날이 두 번 있었으니 오늘에서야 가장 여유롭게 다녀 볼 심산이다.

'신선이 쉬어가는 바위'라는 뜻인 선암사의 아름다움이야 이미 잘 알려진 터이나 두 번의 발걸음에도 제대로 된 느낌 한 줄 적을 수 없었으니 지금에서야 다소 욕심을 부린다.

산사山寺의 어둠은 일찍 찾아든다. 산새 소리, 사람들의 발자국 소

---

* 불교에서 귀하게 여기는 세 가지 보물 삼보三寶, 즉 불佛, 법法, 승僧 중 하나다. 부처의 가르침인 대장경을 봉안한 합천 해인사는 법보사찰, 자장율사가 중국에서 불경과 부처의 진신사리를 가져와 봉안한 양산 통도사는 부처를 상징하는 불보사찰이며, 큰 스님을 많이 배출한 승주 송광사를 승보사찰이라 일컫는다.

리도 점점 사라지고 나니 가끔 만나는 사람들이 반갑다. 얼마 뒤면 봄기운을 화려하게 뽐낼 선암천 계곡을 따라 오르자 왼쪽 그늘 아래 고승들의 부도밭이 보인다. 작고 앙증맞은 장난감보다 조금 큰 부도, 배불뚝이 비만형 부도, 홀쭉이 부도 들이 화음을 연주하듯 넘어가는 하루해의 어둠 속에서 춥다 한다. 주위엔 온통 희미한 어둠이 내리고, 나는 마음이 안정되어 가는 것을 느낄 수 있다. 서산으로 넘어가는 찰나를 마주하는 석양의 시간에 자살 충동이 제일 높다고 한다. 하지만 그 시간을 넘기고 남은 빛에 기대어 으스름한 공간이 오면 다시 안정을 찾는 게 사람의 타고난 심성인가 보다. 흑백으로 양분되지 않은 회색의 으스름을 나는 좋아한다.

뿌연 공간에 무지개 모양의 반달형 승선교가 보인다. 흐린 낮에 본 여수 흥국사의 홍교와 닮았지만 전체 비율이 서로 다르고, 곡선의 원 기울기도 다르다. 홍교가 완만한 무지개형이라면 승선교는 만월의 반달 모양이 차고 넘친다. 그런데 홍교와 승선교는 모두 같은 승려가 월천공덕越川功德˚ 보시로 만든 것이다. 다리 위 형태에 따라서 보는 느낌이 사뭇 다르지만 다리를 만든 이가 지형에 맞는 최고의 아름다움을 추구했음을 보여 준다고 할 수 있다. 승선교 다리 아래엔 용머리가 튀어나와 있다. 서로 맞물려 힘을 받는 이음쇠 역할과 함께 물길을 따라 들어오는 액을 막는 상징적 지킴이 역할을 위해서다.

승선교는 말 그대로 세속의 모든 것을 잊고 선계仙界의 세상에 오르라는 뜻을 갖고 있다. 그래서였는지 나는 아무런 생각 없이 다리 위에 우뚝 섰다. 그러자 문득 세속의 일들이 그리워진다. 승선교에 서자 저잣거리의 흔적들이 생각나는 것은 또 무슨 심성인지 선계의 세상도 무

승선교

던한 일상과 다름없나 보다. 이때 맑고 청아한 재잘거림이 들린다. 아마도 오늘 마지막으로 만나는 객들이리라…….

이어서 신선이 내려와 노닐다 간다는 강선루를 지나고 이런저런 생각으로 도선이 만들었다는 연못 삼인당을 지나 작고 아담한 일주문으로 들어선다. 아홉 층의 돌계단을 두고 가운데 서 본다. 나를 더 낮추고 진정으로 나를 찾아 불심의 세계로 들어서라는 가르침인 양 여느 사찰의 장대한 일주문과 달리 입구가 훨씬 작다. 소박한 일주문은 팔작지붕

---

* 불교 용어로 다음에 올 세상을 위해 쌓는 선행 중 하나다. 냇가에 다리를 놓아 다른 이들을 편리하게 건널 수 있게 하는 행위를 월천공덕이라 한다. 그 외에도 가난한 사람에게 옷과 음식을 나눠 주는 구난공덕救難功德과 병든 사람을 위해 약을 주는 활인공덕活人功德 등이 있다.

이 아니라 맞배지붕에 다포多包* 양식이다. 양 기둥이 하나씩 더 있지만 가운데가 담장으로 잘려 있다. 기둥 위 용머리 조각도 이채롭고, 정유재란 때 불타고 난 뒤 한 번 더 화마를 입고서도 굳건히 남아 있는 일주문이라 그런지 더 크고 위대해 보인다.

 때맞춰 회색빛 으스름한 공간을 뚫고 법고 소리가 울린다. 내 가슴도 따라서 울린다. 저녁예불 시간에 때맞춰 온 걸까? 소리를 따라 일주문을 나선다. 범종루가 앞을 가로막고 이층 누각에 스님들이 도열해 있다. 축생을 인도하는 법고 소리가 가슴을 뚫고 지나간다. 스님들이 돌아가며 내는 법고 소리의 박자와 음률과 강약이 서로 조금씩 다르다. 때로는 신 나기도 하고 때로는 슬프기도 하다. 깔깔 거리며 웃는 그 순간에 가끔 공허와 슬픔을 느끼듯, 희로애락의 장단이 담겨진 소리처럼 울린다. 어두워지는 공간에 홀로 남겨진 듯 넋 놓고 서 있다. 삼라만상이 그 소리에 들어 있다는 착각이라도 한 듯.

 소리를 뒤로 하고 대웅전 영역으로 들어선다. 적당한 터 위에 석탑 두 기 나란히 서 있고 그 뒤로 측면 세 칸, 정면 세 칸의 다포계 팔작지붕이 어두운 빛을 담고 빛바랜 단청 옷을 입은 모습으로 처연하게 서 있다. 강하고 굳건하게 서 있는 것 같지만 어딘지 외로움이 묻어 있다. 화려함 뒤에 오는 쓸쓸함이 이런 걸까? 연극이 끝난 뒤 텅 빈 무대에 홀로 서 있는 배우를 보는 듯하다.

 신라하대 형식을 따랐지만 고려 초기의 흔적을 닮아 있는 석탑 두

---

* 건물 기둥머리 위와 기둥과 기둥 사이의 공간에 짜 올린 공포栱包를 다포라 한다. 또한 공포가 기둥머리 위에만 있는 것을 주심포柱心包라고 한다.

선암사 대웅전과 석탑

선암사 일주문

기가 대웅전과 함께 적당한 간격을 두고 황금분할이라도 한 듯 그 위치에 적절히 서 있다. 이때 운판雲版 소리가 들린다. 하늘을 본다. 어둠을 뚫고 울리는 운판 소리가 멀리 메아리쳐 들린다. '날짐승들의 날갯짓에 지친 몸, 이제 포근한 잠자리로 돌아가 저녁 이슬을 피하고 그대들의 억장소멸을 위한 소리를 들어라!'

무료한 모습으로 대웅전을 한 바퀴 돈다. 여전히 운판 소리는 어둠이 찾아오는 산사의 저녁을 울리고, 대웅전 법당 안에 가득 들어찬 스님들의 모습이 경건하다. 가지런히 벗어 놓은 신발은 모두 똑같다.

선암사는 각각의 영역이 따로 있는 가람배치가 우수한 사찰이다. 산세에 따라서 자연스럽게 배치하고 완만하게 경사진 면을 깎아 또 다른 공간을 마련해 놓고 있다. 한 발 한 발 걷기에 동선이 참으로 유하고 편안한 느낌을 준다.

관음보살을 모신 品자형의 원통전에 오른다. 굳게 잠긴 채 아름다운 모란꽃무늬살문이 반긴다. 지난번 걸음 했을 땐 활짝 열려 있어 이렇게 예쁜 꽃살문을 감상할 수 없지 않았던가! 열린 문을 닫을 만한 용기가 내게는 없던 것인데, 안과 밖의 연결고리인 문이 닫혀 있음으로 해서 또 다른 모습을 볼 수 있으니 참 공평하다는 생각이 들어 실실 웃음이 흐른다. 그렇게 마주한 문살은 네 개의 문짝 중 가운데 두 개만 화려한 꽃단장을 했고, 양옆 두 개의 문살은 우물살문에서 각진 곳 모서리에 약간의 멋만 부려 놓았다. 멋과 견고함을 함께 표현해 놓은 것이기도 하다. 감히 홀로 드리는 예불을 깨울까 싶어 문을 열지 못하고 너머에서 합장하고 돌아섰다.

이때를 같이하여 각각의 공간에서 각자의 박자대로 목탁 소리가 울려 퍼진다. 운판 울리는 소리와 때를 같이하여 하늘에는 늦게 보금자리로 찾아드는 한 마리 산새가 점이 되어 날아간다. 방황을 끝내고 고향집으로 찾아드는 날갯짓이 나와 닮아 있다. 문득 집이 그리워진다.

각황전을 돌고 무심히 바라보는 비구승들의 눈길이 이제는 부담이 된다. 불경 독송 소리와 목탁 소리가 뒤섞여 하나의 웅얼거림이 되어 들리고, 어둠 속에 홀로 선 중생은 동화되지 못한 외톨이가 되어 희미한 불빛 아래 외로이 서 있다. 자연을 벗 삼아 자연을 닮은 해우소 옆을 끼고 돌아 이제 왔던 길을 되돌아 내려간다. 여전히 아쉽고 부족한 느낌을 지울 수 없다. 시인 정호승의 시구가 생각난다.

눈물이 나면 기차를 타고 선암사로 가라
선암사 해우소로 가서 실컷 울어라.

어두운 밤길을 내려와 불빛이 가장 밝은 집으로 들어가 반주를 곁들여 요기를 했다. 밑반찬으로 나온 홍어 무침이 그리 좋을 수가 없다. 한 접시 더 청해서 깨끗이 비우고 하루의 회상에 잠길 요량으로 낯선 방으로 들어선다.

향일암

전라남도 여수시 돌산읍 율림리

바다를 품다

부스스한 눈으로 새벽을 맞았다. 문득 스치는 생각에 재빨리 창문을 열어 밖을 내다보니 구름과 물안개에 가라앉듯 흐린 날이 금방이라도 비가 내릴 것 같았다. 열어 놓은 창으로 바닷바람이 차게 들어온다. 심호흡 크게 하며 하마같이 입을 벌리고 밤새 찌든 몸에 새로운 기운을 불어 넣는다. 그 힘에 밀려 참았던 눈 속의 찌꺼기가 한 방울 물이 되어 흐른다. 방파제 좁은 물길에 동동 떠 있는 물오리를 흐린 눈으로 바라보며 홀로 중얼거린다.

"향일암 해돋이 감상은 글렀구만……."

일출이 멋있다는 소문에 대한 애착을 포기하는 중얼거림이었다. 너무 늦은 출발이라 네 시간 가까이 달려온 밤길을 다잡지 못하고 목적지 가까이 가서 퍼져 버리는 우를 범하고 말았다. 장돌뱅이 깊은 뱃속을 달래도 주어야 했고 하루 종일 칼칼하던 목을 시원하게 씻어 줄 이곳의 막걸리가 궁금하기도 했다. 꼬불꼬불 밤길을 더 이상 달려본들 내심 새벽의 풍경과 바람을 느끼며 달리는 것보다 좋을쏘냐 하며, 방죽포에서 여장을 풀고 소원을 풀었던 결과가 지금 내 눈에 흐르는 찌꺼기의 물방울 하나로 귀결되어 흐른다.

시린 물로 대충 눈곱을 떼고 돌산 갓김치 간판이 간간이 보이는 이른 아침 길을 달린다. 잔잔하고 늘 푸른 넓은 바다를 옆으로 끼고, 맑은 아침 공기를 받으며 달리는 길에 가슴 뛰는 작은 행복을 느낀다. 내 지금 짧은 여행길의 잔잔한 행복감은 바다를 닮았다.

돌산을 끼고 임포마을에 도착하자 아침을 여는 상인들의 분주한 소리가 생동감 있게 다가온다. 길가 늘어선 점방에는 갓김치가 군침을 돌게 하지만 그보다도 생굴을 쪄서 고실하게 말린 것에 눈길이 간다. 그 옆에는 노릿한 동동주가 한껏 유혹을 하는데 댓바람이지만 물리치기가 쉽지 않다. 저놈의 굴을 갓김치에 돌돌 말아 동동주 한 잔……. 이미 내 머릿속에는 내려올 때의 그림이 빠르게 스치고, 입안에 한가득 침이 고여 온다.

머릿속 생각을 억지로 외면하고 고개 들어 올려다본 곳에는 거북을 닮았다는 금오산 자락 암자의 용마루가 있어 반갑고, 멀리 고갯마루에서 반기는 늙으신 어머님의 모습을 발견하듯 금세 가슴이 뛰어온다. 백팔번뇌를 잊고 오르라 만든 자의 강요인가? 새 단장된 108개의 돌계단이 앞에 버티고, 나도 모르게 심호흡을 하고서 향일암向日菴을 향해 발길을 돌린다. 입구의 동백나무 뿌리들이 얼기설기 눈길을 잡고, 최근에 올린 듯한 일주문을 지나고 금오산 자락을 따라 바다를 바라보며 걸어가는 발걸음에 사색이 묻어난다. 바다를 천천히 가르는 작은 배 한 척이 가늘고 길게 하얀 포말을 일으키고, 드넓은 청자빛 바다에는 잔잔한 바람이 살랑이듯 잔물결이 무심히 인다. 하늘은 흐리고 가끔 부는 바람에 습기가 묻어 있다.

향일암 입구

　유난히 나와 인연이 깊은 남해의 금산 보리암, 몇 해 전 가을에 다녀온 서해의 석모도 보문사, 동해 양양 땅의 홍련암과 함께 4대 관음도량 중 하나라는 향일암의 관세음보살님을 배알하러 가는 길이라 이미 마음속에 품고 있던 묵은 때를 비우고 새로운 욕심으로 가득 들여놓고 있는 내게 바다는 가끔 부끄럽다.

　왜 관음성지는 모두 바다를 향해 계시는가? 인도 남쪽 해안의 보타낙가산이 관음보살의 상주처(?)라서 그럴 테지만 다분히 나만의 해석을 하자면 뱃사람들의 사무친 한을 빼놓을 수 없고, 더 크게 보자면 외세의 침략으로부터 이 나라 조국 강토의 안전을 기원하는 지친 민초들의 염원이 담겨 있을 것이며, 나같이 아둔한 몸뚱이 억겁의 바다를 건너 피안의 세상으로 지혜롭게 건네 주기 위해서 그런 것이다. 내 멋대로 끄덕이다 보니 대자대비大慈大悲의 마음으로 나 같은 저자거리 중생을 제도하고 구제 해 주시는 보살님께 욕심 많은 머리와 가슴으로 옹알이할 준비가 벌써 되어 있다.

갈라진 바윗길 좁은 틈새 저쪽에 밝은 빛이 비춘다. 건너편 여자 한 분이 내가 먼저 건너오길 기다린다. 나는 그 아주머니가 먼저 나오길 기다리고 있다. 그래야 제대로 된 사진 한 장 건질 것 아닌가 해서지만, 내 마음을 아는지 모르는지 내게 양보만 하고 있다. 카메라를 들이대자 눈치를 챈 듯 비좁은 바윗길을 한껏 배에 힘을 주고 옆으로 간신히 걸어 나온다. 나 또한 무거운 등짐을 진 중생이라 바닷게 모양으로 몸을 줄이고 고개를 움츠리고 진정한 하심下心의 마음이 되어 그 길을 옆으로 통과한다. 이것이 진정한 일주문이겠다.

바위에 주름진 모양들이 색다르다. 정교하게 판박이 하듯 새겨놓은 바닥에도, 바위에도 같은 문양들이 모자이크 되어 있다. 귀갑문, 이름하여 거북 등 껍질의 모양새를 갖추고 있다. 금오산의 지명에 맞게 거북이 오鰲자를 붙인 걸 보니 이곳이 거북의 등에 해당되는 지형이라 여겨진다. 올라온 바다를 향해 땀을 식힐 겸 뒤를 돌아다본다. 바다는 여전히 말이 없고 작은 목선들이 바다를 향해 헤엄치는 거북이 목에 붙은 듯 매달려 있는 형국이니 내가 바라보는 저 곳이 거북 머리가 되는 곳이다.

암자에는 이미 많은 발길이 북적인다. 불경 소리가 바다에 울리고 작은 대웅전 법당에 비좁게 들어찬 중생들의 기원이 두드리는 목탁 소

몇 해 전 불에 타 소실된 대웅전

리와 버무려져 들여온다. 조용히 가벼운 걸음을 옮기고 이마에 흐르는 땀에 물 한 바가지 가득 떠서 마시니 속으로 흘러내리는 물의 찬 기운이 온몸을 식혀 온다. 내 속에 가득 찬 아집 덩어리들도 씻겨 가길 소망한다.

 향일암 대웅전은 뒤에 큰 바위를 두고 날갯짓하는 보 사이사이 석가여래가 채색되어 있으며 공포나 창방 구석구석까지 채색된 단청이 화려하다. 삿갓 모양으로 된 바위 굴을 오르니 넓은 바다를 가득 안고 시원한 하늘을 이마에 두고 원효대사가 기도했다는 정면 세 칸의 관음전이 나온다. 관음전 안에는 비구니 스님이 아래 중생들로 혼잡한 대웅전과는 사뭇 다르게 외로이 서서 예불에 한창이다. 몸은 움직임 없이 고요하고 목탁을 든 손만이 약간의 떨림을 전해 올 뿐이다. 관음기도

관음전

 도량이건만 외로운 관음보살의 그 진리의 시선을 나는 태무심하게 바라본다. 그 모습을 깨울세라 까치발을 하고서 들어가 무거운 삼배를 드린다. 그리고 나오니 한 꼬마가 합장을 하고서 관세음보살을 향해 절을 올린다. 그 진지함에 나도 숙연해지고 훔쳐보는 꼬마의 옆모습이 관음보살을 닮아 있다.
 내려다본 바다에는 잔물결이 살랑이는데 가까이는 고향을 닮은 청자 빛을, 멀리는 고운 어머니 한복 자락을 닮은 백자의 빛이다. 참 아늑한 중간색이다. 중간색이기에 아름다움이 있다. 이규태 님의 글을 빌리자면 고려청자의 빛은 담청이요, 조선백자의 빛이 회백색인 것은 원색을 반감시키는 중간색이기 때문인데, 그렇기에 한국인이 청자와 백자를 아름다워 한다고 했다. 참 우리민족 심성에 딱 맞는 표현이 아닐 수 없다. 더불어 시선을 잡아매는 암자의 기와 굴곡이 바위 틈새로 삐져나와 있고, 그 모습에 시선을 빼앗겨 저자거리 막걸리의 유혹도 잊은 채 부끄러움도 지나온 일상들도 내 지나친 욕망에 대한 희망도 모든 것이 빈 처연한 가슴이 된다.

향일암에는 관음전이 두 곳 있다. 무슨 연유인지 나는 알지 못한다. 또한 관음보살은 외로운데 만상들이 대웅전에 복작이는 이유도 나는 알지 못한다. 욕심이나 바람이 그만큼 크다는 생각이지만 그래도 나는 알지 못한다.

아래 관음전으로 발길을 향하니 암자 난간에는 자연석을 빙자한 듯 거북 모양의 돌들이 도열되어 있다. 모습만 조금 달리한 채. 아마도 금오산의 이름을 강조라도 하듯. 그 옆 칸 작은 공간에는 어두운 하늘빛에 부끄러운 듯 두세 송이의 동백만이 입을 벌리고, 채 피지 않은 망울들은 막 터트리길 기다리는 요정 같다. 얼굴을 가까이 대고 귀를 기울여 본다. 분명 환청이 들린다.

하산 길에 결국 돌산 갓김치와 막걸리의 유혹을 뿌리치지 못했다. 제일 편하게 생긴 아주머니의 유혹에 집으로 가져갈 갓김치와 우리 어머니가 생전에 좋아하셨던 속세짠지(고들빼기 김치)를 포장해 놓고 길가에 서서 찜 굴에 갓김치 돌돌 말아 막걸리와 함께 몇 번을 넘기고 나니 하루를 더 유하고 싶은 생각이 밀려온다. 그래도 욕심 많은 중생이라 몇몇 곳 더 들를 요량을 하니 가는 길이 걱정이다. 역시 뿌리치지 못한 유혹 뒤에는 걱정이 따라오게 마련이다.

청량사
경상남도 합천군 가야면 황산리

맑은 기운 가득한 청량함

이중환의 《택리지》에선 사람이 살기 좋은 곳으로 첫째 지리, 둘째 생리生利, 셋째 인심, 넷째 산수를 꼽았다. 첫째로 꼽은 지리란 다분히 풍수학적인 견해겠지만 수구水口를 보고, 들의 형세를 보고, 다음으로 산의 모양과 흙의 빛깔과 물이 흐르는 방향을 본다고 했다. 안타깝게도 우리나라에는 백 리 되는 들이 없고, 천 리 되는 물길도 없단다. 그러므로 서융, 북적, 동호東胡, 여진은 중국에 들어가서 황제 노릇을 하지 못한 종족이 없는데 유독 우리 민족만이 그런 일이 없다고 개탄했다.

어찌하랴. 풍수학적이라 하지만 지금의 시각으로 보아도 그리 틀린 말이 아닌 것을 말이다. 그러나 고령과 합천은 물길이 바다까지 닿아 있고, 넓은 들이 있으며, 흙 또한 우리의 토기문화를 꽃피울 만큼 질 좋기로 유명한 고령토가 있으니 좁은 한반도에 몇 안 되는 사람이 살기 좋은 곳이 분명하다.

합천 매화산 청량사淸凉寺로 기억을 더듬으며 가는 길이 1년 만이다. 답사도반 선배와 함께 나섰던 그때, 나뭇잎은 다 떨어지고 앙상한 가지에 붉은 감들만이 주렁주렁 꽃처럼 매달려 있던, 까치 한 쌍이 독

차지하고서 만찬을 벌이며 반겨 주던 그때가 작년 이맘때던가? 가까이에 있는 해인사의 명성에 가려 그리 사랑받지 못하지만 그래도 가야산 남산 제일봉의 등산로인 까닭에 등산객들이 발길을 숨고르기 하며 맑은 물 한 모금 마시며 쉬어 가는 곳이니, 무거운 짐 진 자들 달래 주며 알게 모르게 어루만져 주는 곳이다.

발길 내딛는 길가에 간간이 잔설이 보이고, 움푹 패여 그늘진 길엔 얼음이 얼어 있다. 가파른 언덕길을 가쁜 숨 몰아쉬며 오르자 이마에 송골 땀이 맺히려는 순간 높게 쌓은 축대 위로 절집이 보인다. 그 뒤 암벽의 산들이 봉우리 지어 위세 좋게 당당히 늘어져 있고, 잔설이 드문드문 추운 초겨울의 풍경이지만 마음은 촉촉하게 변한다.

누대 옆으로 잔설을 밟고 올라서니 둥근 추초의 흔적들로 허접한 중생이 땅을 밟지 않고서도 대웅전에 오르게 만들고, 이 또한 때 묻은 중생을 위한 부처님의 넘치는 자비에 홀로 숙연함을 갖춘다. 화려하게 새 단장된 대웅전이 매화산 중턱에 내려앉고, 양팔을 벌린 팔작지붕과 넉넉한 앞마당이 여유로워 구면인 이방인이 먼저 반겨 보였다. 약간의 여유로운 공간을 두고 석탑과 석등이 일렬로 도열하듯 저 먼 곳 파도치는 산 구릉을 내려 보고 말없이 서 있다. 석탑과 석등은 멀리서 눈동냥만 하고 대웅전을 한 바퀴 돈다. 세 칸의 정면 문살이 서로 다른 각각의 꽃 창살로 되어 있어 화려함에 눈을 빼앗기고, 당초문살에 추위를 이긴다. 십우도十牛圖*가 그려진 창방에 용머리가 끄덕이며 반야용선의 세상을 넘나들고 있다.

청량한 기운의 청량사, 바위산 매화산의 기운을 받고 앞으로는 탁 트인 넓은 공간을 두고, 저 멀리 녹색의 파도가 치는 산등성이를 바라보노라면 맑은 기운이 가슴에 가득 찬다. 이곳에 서면 서러움도, 지친 몸도, 늘 가슴에 응어리져 왔던 미움도 깨끗하게 정화되는 청량한 맛이 있다. 돌아서 오면 늘 그곳을 그리워하는 목이 긴 사슴이 되곤 한다.

신발을 가지런히 벗어 놓고 추위에 닫혀 있는 대웅전 안으로 들어서니 어느 비구니 한 분이 머리를 조아리며 석불을 향해 절을 올리고 있다. 무아지경의 순간들이 이어지고, 경건한 모습에 까치발로 숨소리 죽여 가며 법당 안을 살핀다. 신라하대 불상으로 추정되는 석가여래를 향해 무례를 용서해 달라는 뜻으로 몇 번 마음의 절을 올렸다. 그리고 무례를 범하기 시작한다. 법당 중앙에 석가여래가 가느다란 실눈을 뜨고 이 중생을 내려다보고 있다. 사람들의 손때가 묻은 듯 코끝이 검다. 이중 턱이 풍부한 인상을 주며 넓은 어깨에 비해 왼쪽 어깨를 드러낸 우견편단의 법의 속으로 볼록 솟은 젖가슴이 눈길을 끈다. 양옆에 협시불이 없다. 홀로 외로울까 싶어서인가? 주위에 보현, 문수보살

삼층석탑과 석등

---

* '심우도' 라고도 한다. 인간 본성을 찾아 수행하는 과정을 소를 찾는 것에 비유해서 10단계로 나누어 묘사한 그림.

청량사 석가여래좌상

의 상징인 듯 사자와 코끼리상의 그림들이 가득 채워져 있을 뿐이다.

청량사 석가여래좌상. 석가여래불, 석가모니가 보리수나무 아래서 깨달음을 얻는 찰나의 순간을 표현한 것이다. 당당한 어깨, 경주 토함산의 석굴암 부처와 닮았다. 머리는 나발이며, 수인은 손가락 하나로 마귀를 굴복시킨다는 항마촉지인이다. 당당한 어깨선 뒤로 화려한 광배가 머리 위 화불을 중심으로 둘러싸고 있다.

어떤 종교든 선인들은 행복을 기원하며 다듬었던 예술작품의 섬세한 조각에 지금처럼 경건한 마음으로 고개 숙였을 것이다. 얼마나 많은 사람들이 이것으로 마음을 달랬을 것이며, 정화시켜 갔을까? 전쟁과 역병, 권력에 기생하는 천한 이들로부터 영원한 일탈을 꿈꾸며 마음을 다스렸을 것인가? 석불의 표정은 변함이 없는데 시대와 사람에 따라 달리 보여 주는 신기가 오래전부터 있었을 것이다. 내 욕심 또한 다르지 않으니 합장하며 고개 숙인다. 그러나 옹다문 입술로 보아 내게는 쉬이 열어 줄 것 같지 않다.

아직도 못 다한 비구니승의 불공을 깨울까 조심스럽다. 신라시대 불상이니 그 세월의 공덕이야 담지 못한들 어떡하겠냐만, 구닥다리 아날로그 카메라가 저자거리 소리로 들릴까 참는다. 버릇처럼 하늘을 올려다보니 추녀 끝에 풍경 대신 등불이 매달려 있다. 마음의 불을 밝히기 위함인지 널리 불법佛法이 빛나게 함인지 종교를 떠나 이 세상 참 밝고 착한 사람들만 있었으면 좋겠다. 등불이 한낮에도 보석처럼 빛나 보인다. 시선을 벗어나 맑은 창공에 그리운 얼굴들이 환하다. 나는 이토록 아름다운 보석을 가슴에 보듬어 안고 내게 주어진 인연들을 못 견디게 사랑할 수 있을 것인가? 사뭇 반성하는 공간이 된다.

청량사 앞마당의 삼층석탑과 고복형 석등, 신라 정형의 석탑과 한 줄로 나란히 서 있는 참 예쁜 석등 하나. 둘만의 대화에 불쑥 끼어드는 유랑민을 반긴다. 지붕돌은 반전이 심해 날려 보이는 삼층석탑과 함께 매화산 경관과 어울려 앞으로 넓은 공간으로 날아갈 듯 준비하는 모습이라면 억척인가. 굽어보는 석등과 화음을 이루는 이중주를 감상하는 느낌이 들기도 한다.

더도 덜도 말고 군더더기 없는 석탑에 비해 잘록한 허리, 멀리서 보면 단아한 여성이요, 가까이서 보면 섬세한 맛을 완벽하게 지니고 있는 석등이다. 고복鼓腹 즉 장구를 세워 놓은 모습의 고복형 석등이다. 복련과 앙련의 하대석과 상대석, 깨달음과 윤회輪廻, 너와 내가 별반 다르지 않으니 그래서 서로 사랑하며 살아가라는 이유인지도 모른다. 탑을 세우고 불을 밝히며, 향을 사르는 이 행위는 비단 나 자신을 위함은 아니었을 것이다. 우리 조상님들이 그래 왔듯 딱딱한 돌에 혼을 심고, 마음을 담아 불심의 세상에서 좀 더 나은 세상을 꿈꾸며 땀방울을 닦았을 것이다. 또한 무한한 동경에서 희망을 품었을 것이다. 그러면서 천년의 세월이 흘렀다. 그들이 바라보던 눈길이 이곳에 모여 있고, 고운 최치원이 바라보며 마음을 닦았던 석등과 석탑을 지금의 내가 바라보고 있다.

좌우 완벽한 대칭의 석등, 중대석과 간주석 그리고 상대석이 또 하나의 완벽한 대칭을 이루고, 그 위 불을 밝히는 화사석을 올렸다. 전형의 팔각을 벗어나지 않고 고복형을 만들어 놓았으니 본연의 마음에 충실하며 살짝 변화를 추구하는 아름다운 석제품이다. 팔각의 화사석 중 네 면에 화창을 내고, 나머지 네 면에는 사천왕상이 돋을새김 되어 있다.

사천왕상의 머리가 커 어린아이를 보는 느낌이라 참 무례를 범하는 순간이다. 그리고 아래 하대석에 네 면씩 나누어 사자와 향로를 음각의 안상 속에 돋아나게 했는데, 향로에서 모락모락 향이 올라오는 모습에 마음이 정화되는 느낌이 참 좋다. 또한 잔설이 남아 있는 석등의 모습은 사찰의 이름처럼 청량한 기운이 내 가슴에 스며들고, 복련에 핀 귀꽃은 방금이라도 향기를 품어 줄 것만 같다.

이토록 아름다운 석등, 오랜 세월 그렇게 숨 쉬며 이어왔듯 또 그렇게 역사에 교훈을 던지며 긴긴 세월 이어가길 간절히 기원한다. 다음

청량사 고복형 석등

발길은 넉넉한 시간을 가지고 저녁노을을 이들과 함께 바라보리라. 다짐하며 길을 접는다. 바람이 참 맑다.

무량사

충청남도 부여군 외산면 만수리

오롯한 매월당의 숨결

겨우 정오의 시간이건만 어두컴컴하게 잔뜩 내려앉은 하늘과 시계의 세상이 혼돈 속으로 빠져든 느낌이다. 그 사이 가는 빗줄기가 내리다 말다 내 마음처럼 갈등으로 메워져 오고, 그동안 쌓여 있던 차 먼지 위에 비 같지도 않은 빗물이 흘러 얼룩진 꼴이 말이 아니게 되었다. 무량사로 향해 가는 내내 예전에 읽은 이문구 소설로 인해 머릿속에 각인되어 오던 매월당의 형상이 자꾸만 떠오른다.

 자그마한 키에 승려의 모습도 아니요 그렇다고 세속인의 모습도 아니며, 헝클어진 머리에 누더기 옷을 걸치고 꼬부라진 지팡이 하나 짚은 모습. 백주 대낮에 소곡주에 취해 비틀거리며 육조 거리를 지나다 신숙주와 함께 주거니 받거니 번갈아 가며 내리 여섯 번이나 영의정을 해 먹은 정창손의 출사길을 만나, "이제 그만 좀 해처먹으렸다!"라며 호령하는 모습과 설악산 오세암을 오르며 만나는 자연의 풍광과 함께 녹아드는 내면을 찾아가는 모습. 경주 금오산자락 용장사에 초당을 짓고 우리나라 최초의 한문 소설인 〈금오신화〉를 집필하는 모습과 〈금오신화〉 내용 중 만복사저포기에 부처님과 저포놀이*에 몰두하는 양생이라는

무량사 일주문

총각 모습이 남원의 만복사지에 버려진 듯 잔설에 있던 신장상의 머리 형상과 뒤섞여 이미 절집 입구부터 을씨년스러운 날씨처럼 처연해진 심성이 되어 버리고 말았다.

　매월당이 승僧과 속俗, 한계가 모호했던 자신의 내면을 스스로 갈등하며 여러 번 주저했던 것처럼 오랜 세월 방황하다가 마지막 머문 곳이 무량사니 내 발걸음 또한 그리 가볍지가 않다.

　일주문이 어둠 속에 푸르른 녹음을 연출하며 그늘지게 서 있다. 만수산 무량사라 그런가? 이방원이 정몽주에게 자신의 뜻을 함께 펴고자

* 중국의 전래놀이. 주사위와 같은 것을 나무로 만들어서 그 사위로 승부를 가리는 것.

읊었던 시詩 구절 만수산이 생각나고, 그의 손자인 세조가 조카 단종을 몰아내고 왕위찬탈의 위업(?)을 이루자 분기탱천하여 읽던 책을 모두 불사르고 방랑길로 접어든 생육신 매월당이 이 세상 마지막 잠든 곳 또한 만수산 무량사이니 그 상념이 서로 남다르지 않다.

 그리 깊지 않은 계곡을 따라 오르자 천왕문이 몇몇 계단 위에 서 있고, 낯선 이방인을 검문하듯 옆으로 단아하며 정장 모습을 한 당간지주*가 그늘 속에 바라보고 서 있다.

 부석사 무량수전처럼 무량無量 즉 극락정토를 이르는바, 벼르고 별러 찾아온 발길이 천왕문 앞에 서자 그동안 갈등했던 마음은 녹녹한 습기 묻은 바람과 함께 가벼워진다. 전국의 여느 유명 사찰처럼 무량사 역시 임진왜란의 화마 속에 폐허가 되었다가 17세기 중창불사를 하였으니 몇몇 오랜 흔적들이 아픈 질곡의 역사를 대변해 주고 있다.

 절집 마당으로 눈길을 돌리니 그리 작지 않은 터를 두고 멋스러운 오층석탑과 그 뒤로 우리나라에 몇 안 되는 2층 전각인 극락전이 쌍 날개를 펼치며 만수산 산세 아래 멋스럽게 펼쳐져 있다. 극락전이 그 앞 석탑을 보듬어 안고 있으며, 석탑 앞으로는 석탑에 비해 다소 작고 앙증맞은 석등이 석탑의 품속을 파고드는 모습에 이방인은 정겨움에 소외된 자신을 본다.

 극락전 2층 전각은 지리산 자락의 화엄사 각황전, 김제 금산사 미륵전과 속리산 법주사 오층 목탑 형식인 팔상전을 빼고 나면 가까이 있는

---

* 사찰의 구역을 표시하거나, 사찰의 행사 때 당(깃발)을 걸어놓는데, 그 막대의 지탱을 위한 지주석.

무량사 전경

마곡사 대웅보전뿐인 건축 양식이니 대하기가 남다르다.

    자작자작 석탑으로 향하는 발걸음 소리에 다소 흥분된 긴장이 묻어난다. 작은 석등을 앞에 두고 사찰 본전 건물인 극락전을 뒤로한 오층석탑을 들뜬 마음으로 올려다본다. 흐린 날씨 속에 동화된 듯, 흙빛의 고색창연한 화강석이 장엄하게 서 있다. 내가 탑을 바라보는 것이 아니라 탑이 나를 내려다보고 있음이니 다시 한 번 마음가짐을 새로이 하며 경건한 마음이 된다. 넓은 지대석 위에 널찍한 기단부가 굳건하며, 훌쩍 높고 두터운 1층 몸돌이 더욱 당당한 모습이다. 날개의 지붕돌이 그리 두텁지 않으며, 끝 모서리에 살짝 들린 반전이 경쾌한 모습을 하고 있다. 하늘과 석탑, 석탑 상륜부 노반과 보개寶蓋*가 함께 어우러져 장식을 하고, 하나씩 하나씩 하늘로 날아오르는 상승감이나 어쩌면 이제 막 하늘에서 내려와 제자리에 착지한 경쾌함과 안정감이 교차되어 보는 이로 하여금 순간과 찰나와 같은 환상을 느끼게 한다.

  1층 몸돌의 넓은 면과 높은 체감에 비해 2층 몸돌부터 급격히 줄어든다. 온전한 상륜부 부재들이 대물림되어 손때 묻은 노리개처럼 세련되진 않았으나 편안한 느낌을 준다. 다소 황토빛 석탑의 색상과 둥근 기단 받침석 모양이 백제를 넘어 통일신라의 영광(?)을 거쳐 고려시대 축조한 석탑이나 백제의 아름다운 멋과 향기가 고스란히 풍기는 정감 어린 석탑이다. 진정한 백제인들의 마음이 천년이 지난 후에도 살아있음을 느낄 수 있다.

  자꾸만 석등의 모습을 곁눈질하다 보니 다소 불완전한 상대석의 긴 연꽃 조각이 눈길을 잡는다. 석등에 불을 밝히는 팔각의 화사석에 넓은 네 면의 화창**이 전체 크기에 비해 시원시원하며 역시 팔각 지붕돌의 단정함이 눈길을 끈다.

  발걸음은 지금껏 아껴 두었던 극락전으로 향한다. 1층 정면 다섯 칸 측면 네 칸이며 2층은 각각 두 칸씩 줄어 있다. 1, 2층 모두 다포식 화려한 팔작지붕이니 그 멋스러움이야 더 이상 말할 필요가 없다. 덧붙여 넓은 날개를 받치는 보조기둥 활주까지 놓여 있어 견고한 우물살문과 더더욱 함께 튼실하며 장쾌한 모습까지 보여 준다. 무량사의 본전은 당

---

* 다른 말로 천개天蓋라고도 하며, 가장 높은 하늘의 도솔천 내원궁을 묘사해 놓은 것으로 불탑의 상륜부를 장식하는 데 쓰임.
** 석등에 불을 밝히기 위한 화사석에 낸 창. 팔각의 화사석 네 면에 창을 내는 것이 일반적이다.

연 극락전이다. 극락전의 주존불은 아미타불*이며 그 협시보살은 중생의 고뇌와 번뇌에서 구제하며 자비의 화신인 관음보살과 지혜와 용기를 수반한 대세지보살이다. 이로써 아미타삼존불이 완성된다.

내부의 천장은 높은 통층通層이며 화려한 단청이 세월의 나이를 먹으면서 바래 있어 눈이 어둡다. 거대한 아미타불 좌상과 협시불** 모두 흙으로 빚은 소조불이다. 아미타불의 옷 주름이나 모습이 다소 도식화된 단순한 모습에 강화 석모도 보문사 마애불상의 모습이 자꾸만 떠오른다. 협시불의 머리에 쓴 보관이 화려해 머리가 다소 눌린 모습처럼 느껴져 중생을 향해 내리깐 눈길의 시선이 다소 부담스럽다. 이것은 죄 많은 이놈의 장돌뱅이 심성을 씻어내려면 하 세월이라는 증거이니 합장하기가 쑥스럽다.

무슨 사연인지 종각에 있어야 할 조선 중기의 범종이 극락전 내부 안내인이 앉아 있는 의자 옆으로 구석진 곳에 자리하고 있는데 자세히 살펴볼 수 없어 아쉽지만 그리 크지 않은 범종 용뉴龍鈕***의 형상이 제법 익살스럽고 힘차다는 것을 느낄 수 있다.

발길은 영산전과 명부전을 애써 지나 뒤편 산신각으로 향한다. 자료에 의하면 산신각에 산신과 함께 노니는 김시습의 영정이 모셔져 겹집 살이 하고 있다는 이야기에 가슴 두근거리며 찾았으나 아뿔싸, 어느

---

* 아미타불이란 무한한 빛이란 뜻이다. 서방의 극락정토라는 뜻에서 극락전이라는 이름을, 무량수불이 계신 공간이란 뜻으로 무량수전이라는 이름을, 아미타불에서 아미타전이라고도 한다.
** 본존本尊불 좌우에 있는 불상을 말한다. 대웅보전의 협시불은 아미타불과 비로자나불을 협시불로 삼으며 삼존불三尊佛을 형성한다. 협시보살은 본존불本尊佛과 함께 좌·우에 모신 보살을 일컫는다. 즉 아미타 삼존불이라 함은 아미타불 좌우로 관음보살과 대세지보살이 협시불이다.
*** 용의 모습을 한 종의 꼭대기 장식.

새 별도의 전각을 떡 하니 마련하여 이사 떠난 지 오래라 한다. 무례함에 합장하고 가던 길을 뒤돌아 내려오니 별도로 마련된 새집에 홀로 크지 않은 빈 방을 지키며 다소 어두운 표정으로 투명 유리 액자 속에서 후세의 미천한 내 몸을 옆으로 지켜보며 있다. 무량사에서 자신이 직접 그린 초상이라 한다지만 알 수 없는 일이다.

떠나오기 전 자꾸만 떠오르던 얼굴과는 다소 동떨어진 모습이지만 또한 크게 다르지 않다고 억지 자위를 하고, 어느 날 한명회가 갈겨 놓았다는 글귀에 붓을 들어 두 글자를 고쳐 놓았다는 구절 머리에 맴돈다.

青春扶社稷白首臥江湖
젊어서는 사직을 붙들었고 늙어서는 강호에 누웠다.

이 시를 보고 김시습은 분기탱천했을 것이다. '놈이 감히 사직을 붙들다니? 어린 상감을 죽이고, 호위호식하며 세상을 더럽힌 놈이 강호에 누워 있다고?' 하며 도울 부扶 대신 망亡자로, 누울 와臥자를 더러울 오汚자로 고쳐 버렸으니, "젊어서는 나라를 망치더니, 늙어서는 강호를 더럽힌다"는 뜻으로 바꿔 버린 그 기개와 재치로 한을 달랬던 글 구절을 생각하며, 잠시 어떤 분들이 사직을 망치더니 여직 강호를 더럽히고 있는 현실이 생각나서 울분이 치솟는다. 아서라, 그만 김시습의 묘소에 나 가서 고이 잠든 임께 하직 인사나 올려야겠다. 죽어 장사 지내지 말라는 유언을 받들어 시신을 그냥 두었다가 3년 뒤에 열어 보니 살아 있는 듯한 생전의 모습에 놀라 모두들 부처가 되었다고 했단다. 그리고 화장을 하니 사리 1과가 나와 부도를 세웠다. 지금 그 사리는 부여박물

김시습 영정(위)**과 승묘탑**(아래)

관에 옮겨 보관 중이라 한다.

주차장 공터를 마주하고 작은 다리를 지나 버섯 재배 양식장 입구에 작은 터를 두고 몇몇의 부도와 함께 놓여 있는 김시습의 부도가 단연 눈에 띈다. 예쁜 달걀 모양의 부도나, 배불뚝이 부도나, 석종형石鐘形 부도가 아닌 신라 선종이 들어오며 생겨난 부도의 특징인 초기 팔각 원당형 모습을 하고 있다. 하대석엔 연꽃이 돋을새김 되어 있고, 중대석에는 용 두 마리가 구름 속에서 여의주를 서로 다투어 노닐고 있으며, 상대석 연꽃잎이 윤회를 상징하듯 위로 올린 앙련의 조각 위엔 그의 모습처럼 아무런 장식도 없는 민무늬 몸돌과 팔각의 지붕돌에 모서리 귀꽃만이 돋아 있다. 특이하게도 그 위에 다시 둥근 보주를 놓고 다시 팔각의 지붕돌을 하나 더 얹었다. 덕분에 가로와 세로의 균형감은 다소 떨어지며 악센트가 없는 듯 이런저런 굴절된 세상을 살다 간 매월당의 갈등을 대변하는 듯 서글프다.

    가까이 가서 보니 석재의 질감은 다소 거칠며 색감 또한 떨어지지만 하나하나 조각에 정성을 다한 모습을 볼 수 있어 마음이 정리되는 느낌이다. 검은 비석엔 "五歲 金時習之墓"란 글이 새겨져 있다. 이는 오세五歲신동이란 뜻이니 다섯 살 때 이미 신동 소리를 듣고, 한번 배우면 잊어버리지 않는다 하여 이름을 시습時習으로 명했으니 기억력이 가물가물한 이 몸이야 어찌 그를 이해할까나? 게으른 나를 탓하기보다 단지 부러울 따름이니 저자거리 인생이 뭐 별반 다르겠는가. 구시렁구시렁 한참을 앉아 노닐고 싶은 마음은 꿀떡 같지만 기다리는 벗이 있어 김시습의 흔적과 마지막 족적을 남긴 무량사에서의 발길을 접는다.

    내려오는 길, "매월당은 하루 석 잔 이상의 술은 마시지 말라"는 성종의 엄명에 큰 주발에 석 잔을 마셨다는 이야기가 생각나 이참에 나도 하루를 접고 석 잔의 술로 미련한 가슴을 달랠까 하다가 너무 까분다 싶어 참는다.

신륵사

경기도 여주군 여주읍 천송리

청자빛 남한강가의 벽절

가을이 점점 저물어 가는 시기다. 하늘엔 어제의 걱정과 달리 햇살이 맑고 다소 부스스하지만 어제 내린 비로 간간히 습기가 묻어 있어 지나는 풍경이나 산과 들이 조금은 맑다. 서울과 강원도를 이어 주는 관문인 경기도의 동쪽 끝 그리고 남으로 충청도를 이어 주는 여주를 찾아가는 길이다.

 여주는 동과 서로 남한강이 도도하게 흐르고 있어 예부터 뗏목과 황포돛대를 이용해 서울로 향하는 물길이었다. 또 풍요로운 물산의 중심지였다. 또한 땅이 기름지고 토양이 좋아 여주 쌀이나 속이 샛노란 호박고구마가 유명하기도 하지만 그곳의 질 좋은 흙으로 빚은 도자기의 원산지이기도 하니 도공들의 각축장이었을 것이며, 그 맥이 면면히 이어져 우리 민족 아름다운 작품을 빚는 장인의 숨결이 뿌리 깊게 박혀 있는 고장이다. 또한 남한강을 끼고 고즈넉이 서 있는 신륵사는 우리나라 어느 곳에서나 만날 수 있는 산지형의 가람이 아니라 평지가람 또는 강사江寺의 특이한 모습이다.

 이런저런 상념으로 남한강을 끼고 오르니 최근에 급조한 듯 의문스런 일주문이 나타나지만 강바람의 시원함과 눈앞에 펼쳐지는 풍경에 궁금증은 잊어버리고 만다. 그러니 일주문을 지나서 곧바로 사찰로 드는 것이 아니라 남한강을 따라 저절로 발길을 하게 된다.

여느 사찰을 찾을 때처럼 숲길을 따라 오르는 것이 아니라 강줄기를 따라 거슬러 오르는 쾌적한 맛이 있으며, 잔잔한 감성을 추스르며 홀로 사색에 빠지는 느낌이 좋아 참 감사하게 된다. 개발이라는 미명하에 시멘트로 덕지덕지 바르지 않아서 좋고, 관광지라는 핑계로 쿵작거리는 소음이 들리지 않아서 좋으며. 편리함을 강조한 나머지 강제로 동선을 만들어 사색하는 발길까지도 마구잡이로 이끄는 곳이 없어서 더욱 좋다. 내가 가면 길이 되고, 한 발짝 내려서면 강이 있으며, 고개를 들면 거침없이 탁 트인 하늘이다. 그러다 잠시 발길을 멈추면 그곳엔 순한 자연이 반긴다. 비록 문명의 이기를 누리고 있다곤 하나 그곳에서 바라보는 강길 넘어 여주의 모습이 아름답게 다가오는 것은 거슬리지 않는 자연을 그 모습 그대로 들여놓고 있기 때문이다.

남한강은 담담하게 말없이 흐르고 있다. 내 눈에 비치는 강의 빛깔은 간혹 고향 같은 청자빛을 품기도 하고, 저 멀리는 백자의 가련한 슬픔을 지닌 아름다운 빛깔로 다가오기도 한다. 그곳에 서면 형언할 수 없는 내 마음은 시공을 뛰어넘는 자유가 된다. 더불어 물 위를 둥둥 떠다니는 물오리들이 한가롭고, 실바람에도 잔물결 일렁이며 먼 길 수고한 이방인을 이토록 고요한 심성으로 이끌어 준다. 동이 틀 때나 해질녘에 보여지는 반짝이는 물비늘이 참 아름다울 것이란 상상을 해 본다.

맑고 투명한 정기 속 그곳에 홀로 서서 무심히 강물을 내려다보는 여린 승려의 모습은 지나온 세월에 숨은 사연도 보듬어 줄 법하다. 때

강월헌

나옹선사 디비석탑

묻은 이 마음이 씻기는 느낌이다. 그렇게 자신도 모르게 상념에 잠겨 걸음을 옮기면 어느새 그곳 바위 끝 딱히 제자리를 찾아 선, 남한강이 처음 생겨났을 때 함께했던 것처럼 보제존자 나옹의 당호에서 이름을 딴 육각정 강월헌이 한 폭의 동양화로 담겨 있다.

> 청산은 나를 보고 말없이 살라하고
> 창공은 나를 보고 티없이 살라하네
> 탐욕도 벗어놓고 성냄도 벗어놓고
> 물같이 바람같이 살다가 가라하네
> – 나옹선사, 〈선시禪詩〉

이곳에 서면 길 따라 흐르는 물과 맑은 하늘과 바람과 공기와 자연이 어우러져 거슬림 없는 인생을 살아야 하는 투명한 존재의 화두가 생각난다. 애착과 무지에서 나오는 집요함과 시기와 질투까지 헛되고 헛되지만 그런 인육덩이 속에 경이로운 소우주가 존재하고 있다는 옛날의 집착이 부끄러워지며, 이곳 신륵사와 깊은 인연을 맺은 나옹선사의 선시禪詩가 저절로 가슴에 메아리친다.

그러다 보면 어느새 무심히 절집 영역 안으로 들어서 있는 나를 보게 된다. 강월헌 앞 남한강을 굽어보고 있는 작은 삼층석탑 하나를 만난다. 커다란 바위, 깎아지른 절벽에 초연하게 서 있는 석탑 한 기. 이곳에서 내가 석탑이 되고 내 자신이 바라다보는 시선은 석탑으로 인해 석탑과 하나되는 순간을 맛본다.

지대석으로 자연석의 바위를 사각으로 잘 다듬어 돋을새김 해 놓고, 그 위에 하대석과 상대석을 올리고 몸돌을 올렸다. 몸집은 작으나 큰 바위 전체가 하나의 탑이 되는 형상이니 결코 작다 할 수 없다. 더불어 육각정 간월헌까지 하나의 바위에 솟아 있어 더불어 한 편의 이야기를 연출하고 있다.

하대석과 상대석 사이 두 단에 굄돌을 놓고 상층 기단에 모퉁이 기둥인 우주隅柱와 가운데 버팀 기둥인 탱주柱를 만들어 놓았으며, 덮개석엔 연꽃잎이 아래를 향해 핀 복련의 조각을 장식처럼 이중으로 새겨 놓아 바라보는 시선을 심심하지 않게 붙들어 매는 혜안이 있다. 이렇듯 장식과 조각의 모양새에 고려 탑의 특징이 잘 드러나 있다.

삼층 몸돌과 상륜부는 사라지고 없다. 오랜 세월의 거친 풍파에 시달려 온 것 치고는 다행한 일이나, 여전히 아쉬운 마음인 것은 나옹선사의 다비터에 세운 석탑이라 석탑의 수난이 남과 다르지 않기 때문이다. 나옹선사는 고려 말 공민왕의 왕사였으며 일찍이 중국으로 건너가 인도의 승려 지공으로부터 선종의 가르침을 받고, 고국에 돌아와 무학대사에게 가르침을 전해 준 당대의 고승이다.

석탑에 넋이 빠졌다가 우연히 고개를 위로 들면 벽돌을 구워 만든 전탑이 높은 단 위에 우뚝 솟아 있다. 전탑 특유의 견고함과 쭉쭉 뻗어 상승하는 맛이 있고, 허술한 듯 유려한 곡선의 가로선이 시선을 잡으니 그 이유가 있었다. 다른 전탑들과 달리 벽돌을 한 줄 쌓은 뒤 그 위에 흙을 올리고 다시 벽돌을 쌓았다. 자연히 흙으로 된 부분이 아래로 조금씩 처지다 지구의 중력에 몸을 맡긴 곡선이 생겨난 듯하며, 아니면 잦은 보수로 인해 뒤죽박죽된 돌의 원형이 흐트러지면서 생겨난 맛을 세월이 준 것이다.

신륵사 전탑

　전탑이라 하면 경상도 안동과 대구 송림사 전탑이 우선 생각나지만 고려시대 쌓은 전탑으로는 신륵사 전탑이 처음이다. 온전히 남아 있는 상륜부나 화강석을 다듬어 올린 기단석 사방의 쐐기돌을 박아 놓고, 그 면에 방위를 표시해 정성을 다했다. 전탑은 신라 초기 경주 분황사 모전석탑 이후 생겨난 탑이다. 한참이 지난 고려 말, 이곳에 석탑도 아닌 전탑을 조성한 이유가 어디에 있을까? 굳이 멀리서 힘들게 돌을 옮겨 와 다듬기보다 이미 도자공예가 발달되어 있는 이곳에선 벽돌을 만들

신륵사 극락보전

기가 용이했기 때문이 아니었을까? 그렇다면 하필 이곳에 전탑을 쌓았을까? 이미 신라의 도선 이전부터 내려온 민간신앙의 자생풍수에 의거 산세의 지기를 누르기 위함보다 남한강 물길의 지세를 다스리기 위함이 아닐까 생각된다.

 농경 사회에서 물이란 결정적 역할을 하는 것이다. 홍수로 인한 물의 범람을 막고, 물길을 다스려 풍농을 기원하는 마음이 담겨 있지 않았을까? 그러자니 규모가 제법 우람하며 무거운 느낌으로 조성해야 했고, 화강석으로 지대석과 기단을 삼고 벽돌을 구워 탑을 올리는 전통적 지혜를 동원해 만들었을 법하다. 아홉 단의 장대석으로 기단을 삼고 그 위에 몸돌을 따라 쌓아 올렸다. 하늘보다 땅 위를 흐르는 물을 다스리는 비보裨補의 목적에 조성한 석탑이다. 온전한 상륜부로 인해 하늘의 정기를 받아 땅으로 전하며 땅 위에 흐르는 물줄기의 심성을 곱고 온순하게 다스리고 있을 법하다. 당시의 마음으로 되돌아보며 표기해 놓은 방위에 다시 한 번 눈길이 간다. 황포돛대에 몸을 싣고 서울로 향하는 물길에 뱃사공의 흥겨운 노랫소리를 들으며 서 있었을 것이다. 뱃사공 또한 멀리 서 있는 삼층석탑과 전탑을 보며 뱃길의 안전과 자신의 안위를 기원했을 것이며, 마음속 작은 소망 하나 품었을 법하다.

전탑을 벗어나면 발길은 자연히 신륵사 극락보전 마당으로 향하게 된다. 이미 많은 사람이 마당을 가득 메우고 불경 소리가 섞여 처음 들어설 때의 그 맛은 없어졌지만 아홉의 용에게 항복을 받고 지었다는 구룡루와 마주한 극락보전이 적당한 뜰을 두고 날개를 펼치고 있다. 극락보전의 영역은 ㅁ자의 산지가람 형태를 띠고 있다.

극락보전을 향하는 발길을 잡는 것은 앞에 서 있는 뽀얀 질감의 석탑이다. 옥돌처럼 생겨 말쑥한 질감의 석탑은 드물게 대리석으로 조성된 것이다. 대리석이 세월의 때가 묻으면 어떤 색상을 띤다는 것을 여실히 보여 주며 빗물에서 다소 보호된 몸돌의 색상이 투명하게 어우러져 하나의 작품이 되었다. 생김새는 고려 석탑 형식을 보여 주고 있으나 기단석과 덮개석이 하나의 돌로 이루어져 있다. 앞뒤 두 개의 돌로 나뉘어 층층이 별도의 돌로 이루어진 것보다 부드러운 양식을 보여 주고 있으며, 그 속에서 최대한의 모양을 내기에 온 정성을 다한 모습이며 켜켜이 올라가며 조금씩 줄어드는 몸돌과 지붕돌, 3미터가 넘는 높이를 바라보는 그 맛은 훌쩍 큰 키만큼이나 멋스럽다.

지대석 위에 연꽃이 아래로 핀 덮개석을 두고, 그 위 기단석에는 구름 조각이 뭉게뭉게 피어오르고 있다. 중대석이 얇아 눌린 인상이나 아

극락보전 앞 삼층석탑 1층에 새겨진 그림

름다운 조각이 그것을 대신하고 어느 전래동화책 속 그림 같은 상상력이 동원되었을 법하며, 사각 모서리 기둥과 위아래 멋있는 액자처럼 각을 주어 작품의 완성도를 높여 주었다. 그 위에 탑신을 바치고 있는 기단석 덮개에 연꽃이 두 겹으로 핀 앙련이 차디찬 대리석의 질감을 한층 더 부드럽게 만들어 오밀조밀한 맛을 한층 더 깊게 해 준다. 다만 모서리 부분이 세월의 아픔 속에 떨어져 나간 흔적이 아쉽고, 간혹 묵은 때를 벗겨주어 맑은 빛을 한 번씩 비추게 해 주는 것도 좋을 법한데 그러지 않은 모습이 안타깝다.

　1층 몸돌로 눈길을 옮기자 네 면의 화려한 조각에 감탄이 나온다. 직사각의 액자에 구름 속에서 용이 꿈틀대는 모습은 금방이라도 돌을 박차고 나와 하늘로 오를 것 같은 긴장감이 있으며, 당시 용의 모습이 확연하게 드러나 나처럼 환쟁이 꿈을 꿔 본 사람은 사실감에 흥분이 된다. 완벽한 데생에 용의 표정과 발톱 모양과 비늘과 수염까지 부분 부분 능숙한 솜씨로 완벽하게 정성을 다한 모습이며, 그 속에 그냥 지나칠 수 없는 조화의 아름다움이 살아 숨을 쉬고 있다. 미술 작품에 세필을 사용한 것처럼 부드럽게 조각된 손길이 섬세하다 못해 차고 넘치며, 율동감과 그의 깊이는 자신도 모르는 사이 자꾸만 탑돌이를 하게 만든다. 이 또한 행복이고 행운이며 덤으로 얻는 즐거움이다. 그렇다면 용 조각이 뜻하는 의미는 과연 무엇일까? 물을 관장하는 용으로 하여금 물길을 순하게 다스리려는 의지며 강가에 세운 절집이라 힘찬 용을 조각해 절을 강하게 하려는 의도였을 것이다. 불교와 우리 민간신앙이 자연스레 접목되는 순수한 증표인 것이다.

　대리석 질감의 맑고 투명한 아름다움이 거칠어 다소 아쉽긴 하다.

이 탑은 고려 석탑의 양식을 띠고 있으나 숭유억불 정책이 기조였던 조선 성종 때 만들어진 석탑이라 감회가 새롭다. 하지만 그 감회를 느끼기보다 임진왜란 때 폐사가 된 후 다시 올렸으니 몸돌과 지붕돌이 제자리를 찾지 못하고 바뀌었을 수도 있겠다는 생각을 지울 수 없다.

북방에서 기마전술로 오랑캐들에게 명성을 드날렸던 신립 장군이 충주 벌에서 왜구들과 맞닥뜨렸다. 그러나 전날 억수같은 비가 내려 땅이 뻘로 변해 버리고 말았다. 기마용병술이 먹힐 수가 없었다. 아무리 용맹한 신립 장군이라고 해도 하늘마저 등을 돌렸으니……. 패전 소식을 전해 들은 선조는 급기야 백성을 버리고 몽진길에 오른다. 그 후 이곳은 서울로 향하는 공격로였다. 임진왜란 때 승병 500여 명을 양성해 왜군에 맞서 싸운 그 여파로 폐사까지 이르게 된다. 아픔이 석탑인들 비켜갈 수 있었을까? 나라님의 무능함이 비단 사람뿐만 아니라 말없는 동물이나 자연과 무던히 살아 있는 석탑까지 아픔을 맛보아야 하는 지경에 이르게 했으니 이 나라의 짐을 진 자들의 반성과 참 교훈이 되었으면 좋겠다.

이런저런 생각으로 신륵사 극락보전에 오른다. 극락보전, 정면 세 칸 측면 두 칸 다포식 팔작지붕으로 날개를 넓게 펼친 추녀를 받치고 있는 활주까지 세워 놓았다. 공포 끝의 쇠서* 위에 연꽃 봉오리가 장식되어 있고, 옆으로 바라보는 모양새가 화려해서 눈길을 잡는다. 아미타불이 주존불로 무량, 즉 극락왕생을 소원하는 민초들의 간절한 바람을 기원하는 이곳에서 눈만 굴리고, 이미 법당 안은 많은 사람이 북적이고 있어 조용히 감상하기엔 틀렸다. 후불탱화와 천장의 닫집에 눈길만 주고 틈새를 비집고 감상하는 이방인이 되어 무례를 저지른다. 무리 속에

끼지도 못하고 신발을 벗지도 못한 이방인을 굽어보는 아미타불의 눈길에 간절한 소망을 담아 보나 처연하게 내려다보는 불상에 잠시 우울한 마음이 된다. 그러나 내 저급한 욕심 따위를 벗어던지고 좋은 인연이 이렇게나마 나를 있게 해 준 것에 진심으로 감사드린다.

바닥은 우물마루 형태를 갖추고 있고, 천장은 우물반자를 하고 있으며, 화려한 닫집**에는 용과 연꽃과 목련이 피어 천장에서 아래로 향하고 있다. 부처님의 세상을 아름답게 표현해 놓은 것이다. 하늘에선 꽃비가 내리고, 극락조가 날며, 가릉빈가迦陵頻伽***가 춤추고 노래한다.

신륵사의 창건설화로는 아홉 용에게 항복을 받아 지었다는 구룡루와 미륵이 신기한 굴레로 날뛰는 말을 잡았다 해서 신력神力으로, 또는 신륵神勒으로 신륵사神勒寺라 일컬었단 이야기가 전한다.

극락보전 뒤편의 조사당 영역으로 든다. 조사당은 작은 몸집의 건물임에도 다포계 건물이다. 조사당에는 신륵사의 인연에 맞추어 인도 승려 지공과 나옹선사와 무학대사의 영정이 모셔져 있다. 언제 어떠한 자료로 그려진 것인지 궁금하지만 그에 대한 기록이 없어 아쉽고 상상만 하던 나옹선사의 모습과 무학대사의 모습이 쌍둥이 같아 웃음이 절로 난다. 나란히 있는 영정을 바라보노라면 '삼형제의 전설을 찾아서'라는 말이 툭 튀어나올 법하지만 불경한 마음이라 훌훌 옷에 묻은 볏짚 털 듯 털어 버린다.

---

*   건물의 기둥 위에 있는 공포 끝을 소의 혀 모양으로 오려내 밖으로 튀어나오게 한 부재.
** 법당 안 불상을 모신 불단 위에 지붕처럼 꾸며놓은 공간. 부처님이 설법할 때 햇볕을 가리기 위한 것.
*** 불경에 나오는 상상의 새. 극락정토에 깃들이며, 사람의 머리에 새의 몸을 하고 있다. 목소리가 아름다워 미음조美音鳥라고도 한다.

더 세세히 돌아보고 여유자적하게 노닐고 싶었으나 집사람의 닦달과 까마득한 일정 탓에 발길을 접는다. 나옹선사 승탑 즉 우리나라 석종형 부도의 원형이 되는 부도와 석종비를 찾지 못한 것이 못내 아쉽고, 남한강가 석탑을 한 번 더 보고 싶었으나 그러지 못한 것이 또 아쉽다. 내 일정에 휘둘려 차 안에서 찬 김밥으로 끼니를 때우기 다반사였던 집사람의 불만에 반항할 수 없어 못 이기는 척 돌아서 왔다. 이를 핑계 삼아 다시 한 번 더 발길을 할 수 있는 여지를 남겨 놓았다고 생각하며 위로한다. 하긴 여행의 관심사 중 음식이 갖는 비중을 최고로 친다는데 제대로 된 그 고장의 맛난 음식 먹여 준 적 없으니 그 불만이 쌓여 터질 때도 되었을 것이다.

그렇게 이끌려 되돌아오며 주련에 붙어 있는 달마의 가르침으로 선종의 주요 교리인 글을 되새김한다. 교외별전敎外別傳, 불립문자不立文字, 직지인심直指人心 그리고 가섭존자의 염화미소를 그 뿌리로 한다는 견성성불見性成佛, 직역하자면 경전에 의하지 않고, 눈을 외부로 돌리지 말며, 자신의 마음을 바로잡아 분석하지 말고 파악하라. 자신의 마음속에 본래부터 가지고 있던 불심을 깨달아 자기 자신이 부처였음을 알게 되고 그대로 부처가 되라는 뜻이다. 부처의 말씀에 깨달음을 얻으려 하는 것이 교종敎宗이라면 부처님의 마음을 통해 깨달음에 도달하려는 것이 선종禪宗의 기본 교리다.

이 좋은 곳과 가까이 살고 있는 사람들은 참 행복하겠다는 시기어린 생각을 하며 길을 접었다.

연곡사

전라남도 구례군 토지면 내동리

바람결에 찾은 이방인

섬진강을 따라 길을 잡는다. 많은 사람의 가슴에 녹아들고, 아파하는 이들에게 삶의 참의미를 던져 주었으며, 슬픔도 아름다울 수 있다는 사무치는 그리움이 녹아 있는 섬진강이다. 물비늘에 반짝이는 윤슬을 바라보노라면 앞서 간 사람들의 발자취를 따라 봄 햇살에 찰랑이는 물길은 내 가슴에도 시상에 젖어 들게 한다. 수많은 시인이 노래한 섬진강이지만, 나는 아직 그곳의 아름다움을 표현할 능력이 없어 아쉽다. 어줍게 달리 표현한다는 것은 편안한 심신을 도리어 고달프게 만들 수 있을 것이니 차라리 잘 된 것인지도 모른다.

지리산 노고단을 두고, 구례 오산의 사성암을 바라보며 은빛 반짝이는 물길을 따라 굽이쳐 흐른다. 100여 리 물길을 따라 걸어서 다녀 보리라 또다시 작심만 하고 만다. 그러다 아쉬움에 작별을 고하고 연곡사 부도를 찾아 피아골로 접어들었다. 왼편에 깎아지른 계단식 다랑이 논을 보며 우리 민족이 가지는 눈물겹도록 한 맺힌 생존의 고단한 이야기가 절절하게 묻어 있음을 느꼈다.

피아골 연곡천을 따라 꼬불꼬불 길을 가다 보니 연곡사가 무심히 반긴다. 순간 조용한 주위에 홀로선 나는 이방인이 되어 있다. 동안거 冬安居*에서 막 나오려는 찰나에 기지개를 켜는 모습이며, 만물이 생동하는 소리가 고요 속에 스며들고 연주가 막 시작되기 전 기대에 찬 정적의 순간이 밀려온다. 지리산을 품고 내려앉은 팔작지붕의 일주문이 한적한 그리움으로 서 있고 한가로운 바람이 불어 귓불이 간지럽다.

일주문을 들어서니 사람의 그림자는 보이지 않고 공허와 빈 바람만이 맞는다. 호들갑스럽게 반겨줄 리 만무하건만 자꾸만 심심하다 생각되는 것은 여전히 미천한 심성이 가득 담겨 있기 때문이다. 이러한 내 마음을 아는지 보살 한 분이 화단에 풀을 뽑고 있다. 따사로이 내리는 봄 햇살은 등을 비추고, 한가로운 모습에 혹여 깨울까 나직나직 걸음을 옮겨 간다. 무념무상의 그림을 보는 듯해 나 또한 전이되어 옴을 느낀다.

작은 연못에는 아직 연꽃망울이 보이지 않는다. 비가 억수같이 내리던 어느 여름날 작은 연꽃 모습에 혹하여 그 옆의 도라지 밭에 쪼그리고 앉아 궁상떨던 그때가 막 떠오른다. 그 앞으로 신라시대 삼층석탑 한 기가 말없이 반갑다. 만지면 보슬보슬한 가루가 손에 묻어날 것 같은 부드러운 질감은 어릴 적 많이 먹던 흰 쌀가루에 팥고물 넣고 버무린 떡의 단면을 보는 느낌이다. 기단부에 비해 훌쩍 말라 버린 1층 몸돌이 가냘프기도 하고 날렵한 듯하지만 결코 가볍지 않은 분위기를 풍기고, 지붕돌 윗면의 반전 하늘로 폴폴 올라가려는 날갯짓을 닮아 있

---

* 불교에서 추운 겨울 일정한 장소에서 출입을 자제하고 수행하며 참선에 들어가는 기간을 말한다. 반대로 여름에 정진 수행하는 하안거가 있는데 이는 부처님 당시 여름철 우기雨期에 온갖 벌레들이 밖으로 나오는데 자신도 모르게 벌레들을 밟아 살생을 하게 되므로 일정한 장소에서 수행을 하는 안거에 들어갔다는 데서 유래된다. 이후에 불교가 중앙아시아를 거쳐 동아시아에 넘어오면서 길고 긴 추운 겨울을 피해 안거에 들어가면서 동안거가 생겨났다.

연곡사 일주문

다. 상륜부는 지탱하는 노반과 밥그릇을 엎어놓은 모습의 복발만 남아 있다.

이상하게도 기단이 세 단으로 되어 있다. 지대석은 아마 땅 속에 파묻혀 있겠지만 그 위로 보이는 기단이 세 등분으로 되어 있는 것이다. 정형화된 신라 석탑의 이중 기단 양식이 아니다. 그렇다면 지대석을 이중으로 만들어 놓은 것인가? 그러기엔 아랫부분을 요철 모양으로 안으로 굽어지게 만들었다는 것은 균형감이나 안정감이 떨어질 수 있는데도 그런 느낌을 찾을 수 없으니 참으로 묘하다.

1층 기단의 갑석(덮개석)은 여덟 매의 돌로 짜 맞춰져 있고 위로 올라갈수록 그 수가 적어진다. 보일 듯 말 듯 지붕돌 경사진 낙수면이 자연스럽고, 중간 기단부 굄돌이 상하로 두텁게 놓여 있다. 위에서 기다

사찰 67

연곡사 삼층석탑

리는 부도탑이 그리워 석탑에서 애써 눈길을 피해 나무계단을 오르지만 자꾸 뒤를 돌아다보게 된다.

연곡사는 최근에 중창불사를 한 사찰이라 고즈넉한 맛은 없다지만 고요와 침묵의 공간이 있다. 또한 그곳의 면면을 알고 보면 참으로 슬픔이 묻어 있는 절집이라는 생각을 지울 수 없다. 정유재란 때 왜군이 몰려와 살육을 자행했던 곳이고, 이인좌의 모반 때 이곳 승려가 모반에 가담하게 되어 두 번째 폐사가 되었고, 을사조약 때 의병을 일으킨 고광순이 근거지로 삼았던 곳이니 또 한 번 폐사를 맞이하게 된다. 네 번째는 19세기 말 왕가의 위패를 만드는 신주목을 바치는 밤나무를 이곳 승려들이 남벌하고선 그 후환이 두려워 절을 비워 두고 도망을 쳐 빈

절이 되었고, 민족의 아픈 역사인 한국전쟁 때 다시 한 번 더 폐사가 되고 말았으니 다섯 번째다. 답사를 오기 전 책 몇 권에 쓰여 있던 아픔의 역사를 떠올리며 1983년에 불사한 비로자나불이 모셔져 있는 대적광전으로 향한다.

빛으로 널리 세상을 구한다는 법신불, 즉 태양을 뜻하는 비로자나불이다. 우리네 높은 산 제일봉 이름이 비로봉이듯, 이 부처 또한 석가의 진신眞身이라 광명과 진리의 빛을 뜻하니 믿음의 화신이 되는 것이다.

그리 웅장하지도 왜소해 보이지도 않는 대적광전의 화려한 단청에 눈을 빼앗기고, 망울진 산수유가 봄이 무르익어 옴을 알린다. 겨우내 동안거에 숨죽여 움츠렸던 만물들과 햇살에 반짝이는 팔작지붕의 날갯짓은 홀로 춤추는 듯하고, 바람에 흔들리는 나뭇가지들은 새봄을 노래하고 있다.

대적광전을 탑돌이하듯 한 바퀴 돈다. 올려다보는 고개가 아파 올 즈음 열려진 건물에 사람의 그림자가 비친다. 고개를 숙이고 신발 끈을 풀고 있을 때 반가운 사람의 목소리가 들려온다.

고개를 들어 보니 스님 한 분이 손에는 빗자루와 쓰레받기를 들고 낯선 이방인이 반갑다는 듯 인상 좋은 웃음으로 말을 걸어온다. 법당 안을 막 청소하려던 참이었나 보다.

부처님께 절을 올릴 양으로 폼을 잡으니 스님께선 하려던 청소를 포기하고 밖으로 나가신다. 그 뒷모습에 비치는 화사한 실루엣이 쓸쓸해 보인다.

'좀 더 앉아 말벗이나 되어 줄 것을 쓸데없이 폼을 잡고 말았구나······!'

연곡사 대적광전

　구슬 같은 땀방울을 흘리며 나를 자책하고 난 뒤, 오늘 제일로 궁금했던 국보 53호 부도를 만나러 올랐다. 아무리 봐도 질리지 않는 우리 석조예술품의 진수인 연곡사 동부도. 이 부도가 이곳에 자리 잡고 있어 지리산이 풍요롭고 연곡사는 아름답다고 누가 그랬던가. 화순 쌍봉사 철감선사탑(국보 57호)과 쌍벽을 이루는 우리나라 제일가는 아름다운 부도임에는 틀림이 없다. 그러나 정작 승탑의 주인이 누구인지 몰라 안타깝지만(우리나라 '자생풍수'의 원조인 도선국사탑이라는 설이 있다) 그나마 지탱하고 있어 준 것만으로도 감사하고 가슴 뛰는 일이다.
　쌍봉사 철감선사탑이 남성미를 풍긴다면, 연곡사 동부도는 가냘프고 섬세한 여성의 아름다움을 보는 것 같다고들 한다.
　기단부 중대석 받침에는 사자상이 각각의 모습으로 새겨져 있고, 상대석 안상에는 극락정토의 설산雪山에 살고 있다는 가릉빈가상이 날갯짓을 하고 있다. 몸체에는 사천왕과 가운데 문비가 있고, 지붕돌엔 서까래와 암막새, 수막새가 마감되어 있으며, 겹처마 지붕까지 만들어져 있어 기도처의 불탑으로 승화시켜 놓았다. 특히 상륜부의 조각품들이 눈길을 끈다. 지붕돌 위에 극락조가 춤추듯 날갯짓을 예쁘게 펼치고 있고, 이로써 더욱더 믿음으로 승화되는 하나의 작품이 완성되었다.

나는 부도의 전체적인 모습도 좋아하지만 하나하나 부분으로 나누어 보며 감상하는 맛도 즐긴다. 지붕돌 반전의 맵시 또한 눈길을 잡고, 가는 질감 하나하나가 부드럽게 다가온다. 그러나 결코 가볍다거나 호들갑 떨지 않는 얌전한 새침데기 같은 인상의 빼어난 아름다움이 있다. 약한 듯 약하지 않고, 홀린 듯 홀리지 않으며, 가벼운 듯 결코 가볍지 않은 소유하고픈 심정이 아니라 감히 접근할 수 없는 도도한 아름다움이 깃들어 있다.

그렇다면 어느 누가 묻혔길래 이토록 아름다운 조각을 해 놓았을까? 어떤 삶을 살다간 고승이기에 혼신의 힘을 기울여 빼어난 자태로 살아 숨 쉬게 해 놓았을까? 저절로 숙연한 마음이 되고 합장하며 고개 숙인다. 때맞춰 하늘에는 구름이 해를 가리고 그늘이 된다. 반사 빛이 죽고 난 뒤에 바라보는 조각은 표정이 달라지고 깊이도 다르게 느껴진다. 한 곳에 시선을 멈추고 다시 구름 속에서 해가 밝아 올 때 점점 변하는 모양과 질감과 형태 속에 나는 빠져들고 만다. 그리고 나도 하나의 돌이 된다. 턱을 괴고 앉아 점점 빠져들 때쯤. 나를 깨우는 한 마디, "내려와 공양하세요."

사실 이 말은 나를 피안의 세상으로 인도하는 부처님 목소리였다. 나는 다시 배고픈 돼지가 되어 버렸다. 한 끼 공양에 한나절 공력을 들

연곡사 동부도

동부도 상륜부

화순 쌍봉사 철감선사승탑

여야 한다는 사실도 까맣게 잊어버리고 말았다.

통도사

경상남도 양산시 하북면 지산리

어머니 발길 따라

달리는 차 안에서 지난날 마주했던 통도사에 대한 기억을 더듬어 보지만 아무리 떠올리려 해도 잡히는 건 하나도 없다. 고등학교 때던가? 동무들과 통기타를 둘러메고 계곡에서 놀다가 온 기억도 가물가물할 뿐이니 그 큰 사찰의 기억이 내게 남아 있을 리 만무하다. 그래도 생소하다는 느낌은 없다. 널리 알려진 사찰이여서라기보다는 아마도 우리 어머니 살아생전에 자식 안위를 위해 먼 길을 달려 치성을 드렸던 까닭이 아닐까.

처음 누가 먼저 앞장섰는지는 알 수 없으나 어머니는 먼 친척뻘 되는 동네 현주 할머니랑 늘 함께 다니곤 하셨다. 내 살던 고향에서 양산 통도사까지는 교통도 불편하거니와 그 먼 거리를 다녀 올 양이면 새벽녘에 길을 나서서 다음 날 해가 떨어지고 캄캄한 밤이 되어서야 집으로 돌아오셨으니 홀로 다닐 길에 동무 하나 있어 그나마 덜 고단했을 법하다.

몸보다 마음의 간절함을 무엇으로 말할 수 있으랴만, 힘드신 어머니께 따스한 말씀은커녕 어머니 뼈 마디마디마다 옹골지게도 사무치게 하셨던 아버지의 말씀들이 어렴풋이 아프게 살아난다. 우리는 어머니 돌아오시기 전까진 아연 긴장의 줄을 늦추지 않았다. 누가 시키지도 않앉지만 앞마당을 정갈하게 쓸어놓은 뒤 손발 깨끗이 씻고 방에 틀어박혀 읽지도 않은 책 펼쳐 들고 신경은 한데로 가 있다. 작은 누나는 방방마다 깨끗이 물걸레질까지 마치고 큰 누나는 저녁밥 차려서 아버지께 드린 후 어머니 돌아오셔서 자식들 때문에 속상하지 않게 정지 솥뚜껑까지 깨끗하게 닦고 뒷정리까지 깔끔하게 해 놓고선 한없이 긴장된 시간을 보내고 있었다.

'공자 왈, 맹자 왈' 하시는 아버지로서는 어머니의 절집 출입이 여간 불만이 아니셨던 게다. 그것도 가까이 있는 절도 모자라 그 멀리까지 다니시는 어머니가 영 못마땅하신 것이었다. 그러나 두 명의 자식을 둔 내가 지금 돌이켜 생각해 보면 우리들보다 아버지가 어머니를 더 그리워하셨다는 것을 알 수 있다.

하루 온종일 아버지 곁에서 불편함이 없으시도록 시중드는 자식새끼들이 있었지만 한쪽 이가 빠진 듯 허전한 아버지 마음을 달래지는 못했었나 보다. 당신께서 그 불편하고도 그리운 심기를 드러내고 말씀 못하시곤 어머니의 빈자리에 서서 그간 하루가 지나고 또 하루가 지나서야 결국엔 그리움이 짜증으로 승화(?)되어 그토록 화를 내신 게다. 기다림의 끝자락에 와 있을 때 어둠을 몰고 마당으로 들어서는 어머니의 모습이 반갑기 그지없었지만 나는 그만 속으로 삼켜 버리고 만다. 아버지의 뒤이은 그리움의 포화로 우리 집안은 한바탕 회오리가 몰아치기 때문이었다.

그때 어머니와 아버지의 입을 통해서 '양산 통도사, 양산 통도사'를 수도 없이 들었다. 그러나 얼마 후면 어머니는 다시 그 길을 어렵게 다녀오시곤 하셨다. 그렇게 세월에 생채기를 내며 늙어지다 아들 대신 못

된 병마를 짊어지고 그렇게 떠나가셨다. 지금 그토록 어렵게 다니신 어머니의 공덕으로 이렇게 휘적휘적 자연을 벗 삼아 돌아다니는 내가 어머니 마음의 십분의 일이라도 알까? 진정 어머니의 공덕이라 느끼며 가슴에 품고 살아간 적이 얼마나 되는지 되묻곤 한다.

지금 내가 그 길을 간다. 어머니가 그렇게 힘들게 다니셨던 그 길을 나는 편안한 의자에 깊숙이 박혀 호화로운 일상처럼 주위 풍경과 봄 햇살에 만취하면서 답사란 명목으로 허영에 찬 가슴을 안고 달린다.

독수리가 깃든다는 뜻의 취서산 아래 남쪽으로 난 계곡 물줄기를 따라 오르면 승僧과 속俗의 경계인 일주문이 있다. 맞배지붕에 다포식으로 단청이 화려하며 보조 버팀 기둥인 활주까지 세워져 있다. 웅장하거나 위압감 없이 단아한 모습이다. 일주문 현판에 영취산통도사靈鷲山通道寺란 현판이 걸려 있다. 영취산, 석가모니가 '법화경法華經'*을 설파한 인도의 영취산과 같은 이름이다. 취서산을 영취산으로, 통도사를 부처님의 진리와 모든 뜻이 통한다는 석가모니의 정신세계를 담은 지금의 이름으로 명명했을지 모를 일이다.

왼쪽 주련엔 불지종가佛之宗家란 말이 쓰여 있다. 불지종가란 우리나라 삼보사찰三寶 즉 팔만대장경의 법보사찰 합천 해인사와 승보사찰 순천 송광사 그리고 이곳이 불보사찰佛寶이란 뜻이니 신라 선덕여왕 때 자장율사가 당나라에 건너가 공부하다 석가모니의 머리뼈와 어금니와 사리 100과와 석가가 입었던 가사 한 벌을 가지고 귀국하여 이곳에

---

* 대승불교경전, 《묘법연화경妙法蓮華經》(진실한 가르침의 연꽃이라는 경)의 약칭이다. 매우 아름답고 위력을 가진 종교 고전으로 여겨졌으며, 동아시아 불교의 주도적 형태인 대승불교 전통에서 중요하게 널리 읽어 온 경전이다. 모든 생명에 내재된 불성佛性, 즉 본래부터 존재하는 보편적인 진리를 말한다.

통도사 극락보전

극락보전 뒤 외칸에 그려진 접인도

금강계단을 만들어 모셨으니 바로 이곳이 우리나라 불지종가란 말이 된다. 그러니 영취산 통도사란 사찰의 이름이 이해가 되고도 남는다.

완전한 승僧의 경계인 천왕문을 지나면 통도사 하부 영역이 눈에 들어온다. 하부 영역에 오르는 방향은 동쪽에서 서쪽을 향해 중부 영역을 지나 상부 영역의 금강계단 대웅전을 향하게 된다. 곧 서방정토를 향해 걸어 오르는 느낌이다. 극락보전의 뒷면을 바라보며 옆으로는 범종루와 그 앞으로 만세루가 있다. 남쪽을 향해 서 있는 영산전을 두고 좌우로 극락보전과 약사전이 있고 ㅁ자 모양의 마당 가운데 신라시대 삼층석탑이 세워져 있다.

이때 맨 먼저 눈을 사로잡는 것이 극락보전의 뒤편 어칸 벽에 그려져 있는 반야용선 그림이다. 억겁의 바다를 건너 피안의 세계를 향해 힘찬 몸짓을 하는 용두와 선두에는 죽은 이를 극락으로 인도하는 인로왕보살引路王菩薩이 서 있고 가운데 갓을 쓴 이, 상투만 튼 이 그리고 승려와 남녀노소 등이 갖가지 표정으로 합장하고 있다. 그 뒤쪽에는 육환장을 든 지장보살이 푸른 물결이 넘실대는 파도와 연꽃이 피어 있는 바다를 바라보며 서 있다. 잠시 내가 좋아하는 벗의 글을 옮겨 본다.

> 반야용선般若龍船, 중생을 이 고통의 세계로부터 고통 없는 피안彼岸의 세상으로 건너게 해 주는 도구가 배이며, 이 배를 용이 호위하므로 용선이라 한다. 이 용선이 바로 반야般若, 즉 지혜를 의미하는 것으로 지혜를 깨달아 저 피안에 도달하는 것을 상징적으로 나타낸 것이다.
> 우리나라의 절집은 이런 부처님 설법시의 상황을 재현하는데 그

치지 않고 모두가 깨달음을 얻어 도달해야 할 피안의 세계를 향하는 배와 같은 모습들을 하고 있다. 즉 반야용선의 모습을 보이고 있는 것이다.

법당 어칸의 양쪽에 용두를 장식하여 반야용선의 선수임을 나타내고 있는 것을 볼 수 있고 법당 안에는 항상 삼매에 들어 말 없는 가르침을 펼치시고 계신 부처님과 보살님들을 봉안하고 여러 가지 장식을 통하여 반야용선의 목적지인 불국정토의 모습을 형상화하고 있다고도 할 수 있다. (중략)

통도사의 극락보전 측벽에 그려진 〈반야용선 접인도〉에는 가장 구체적인 모양의 반야용선이 그려져 있다. 많은 정토淨土 가운데 대표적이라 할 수 있는 사방극락세계四方極樂世界로의 왕생을 회구하는 중생들에게 있어 그 첫 번째 단계인 극락으로 인도하는 매개체인 용선龍船과 중생衆生만을 주제로 한 그림이다.

용선 앞 선두에는 인로왕보살引路王菩薩이 합장을 하고 서 계시고 맨 뒤쪽에는 지장보살地藏菩薩이 육환장을 들고 서 계신다. 지장보살님은 육도육회의 현실세계에 몸을 낮추어 중생들을 구제하도록 석가모니 부처님으로부터 수기받은 분이다. 중생을 제도하겠다는 맹세가 누구보다도 크고 위대한 분으로, 그 원력의 힘으로 말미암아 자신의 안락은 뒷전으로 돌리고 지옥이든 천상이든 고통 받는 중생들이 있는 곳이면 어디든 찾아가서 구원하는 분이다.

배 중앙에는 비구, 아낙, 선비, 양반, 노인 등 여러 신분의 사람들이 각기 다른 표정을 짓고 용선龍船에 몸을 싣고 있다. 배 안에는 각각 신분을 달리하는 여러 사람이 극락왕생極樂往生한다는 기대감에 젖어 있는 모습으로 배에 몸을 싣고 있다. 배 아래의 파도는 잔잔하게 보이며 대단히 깊게 느껴진다.

앞뒤에 큰 돛을 각각 세우고, 전진하는 배의 위상을 나타내고 있다. 배 중앙에는 장형帳形 지붕으로 건물을 짓고 보탑寶塔의 상륜부와 같은 모양으로 나타난다.

배 아래로는 푸른 파도가 일고 넓은 대해大海를 실감나게 표현하였다. 화면의 하단부 우측으로 흰 연꽃을 구름 위로 솟아 내어 이미 연화장 세계에 이르렀음을 암시하고 있으며, 용의 큰 힘, 푸른 파도, 보살의 원력 그리고 중생의 정토왕생발원으로 이어지는 드라마틱한 장면을 펼쳐주고 있다.(하략)

맞배지붕의 단출하면서 튼실한 영산전 건물과 그 앞에 오롯이 서 있는 석탑이 한 폭의 그림이 된다. 세월의 풍파에 사그라진 단청이 흩날리듯 고고한 기품을 품고 있으며, 촘촘한 사분합문 가운데 어칸에만 빗살무늬로 되어 있어 조화롭다.

마음을 다시 가다듬고 내부를 들여다보았다. 석가모니불을 주존으로 모신 내부의 화려한 단청과 웅장함에 쉬이 가슴을 가누지 못하고 눈을 어디로 먼저 둬야 할지 서두가 없어진다. 대들보에는 각양의 용들이 홰를 치고, 우물천장과 주위 자투리 공간 구석까지 화려한 꽃들과 갖가지 그림들이 몇백 년의 세월 동안 그렇게 피어나고 있다. 서편의 벽면 화면 가득 탑 그림이 눈길을 잡는다. 일반적 사찰에서 좀처럼 볼 수 없는 탑 불화다. 창건 당시에 그려진 것인지 아닌지는 알 수 없다. 건물

단청의 빛바랜 색상에 비해 선명하고 경쾌하고 장엄하기까지 하다. 그러나 어칸에서 들여다보는 지금의 시선이 남쪽에서 보는 방향이나 석가모니불이 동쪽에 좌정하고 있어 지금의 면이 어쩌면 측면이 되는 형식이다. 다소 의외이긴 하나 강학 공간이나 설법 공간인 경우에 자주 볼 수 있는 사찰 건물 양식이니 그리 어색함은 없다. 주존불의 시선이 석탑 그림과 마주하게 하려는 생각에서 그리 만들어졌을 법하다.

영산전이란 이름에 맞게 불상 옆으로는 석가모니가 태어나서 열반에 들기까지 여덟 단계로 나누어 놓은 팔상도가 그려져 있다. 그 때문에 팔상전이라고도 한다. 이처럼 처음 마주하는 통도사 사찰 건물의 화려한 벽화들에 놀라고 또 가슴 뛰니 무엇을 어떻게 담아야 할지 주눅이 든다. 단출한 맞배지붕의 약사전과 마주하는 극락보전의 날렵하고도 화려함과 앞에서 보아 가로로 넓은 여덟팔자의 팔작지붕이 전체 하부 영역의 조화로운 분위기를 연출한다.

하부 영역 앞마당, 즉 약사전과 영산전 그리고 극락보전 건물에 둘러싸여 있는 석탑 한 기가 중심축인 듯 강한 봄 햇살을 받으며 서 있다. 전형적인 신라 말 석탑으로 그리 크진 않으나 두터운 지대석을 네 개로 나누어 두고, 위에 이중의 기단 중 상층 기단의 지붕돌 윗면인 낙수면이 부드러운 곡선을 유지하고 있으며, 1층 몸돌이 훨쩍 커 아무런 장식 없이도 바라보는 맛이 있다. 석탑의 꼭대기 상륜부의 부재 중 노반과 복발 일부가 남아 있으며, 지붕돌의 마모가 심하지만 낙수면이 두터워 날림이 없이 무게감이 있다.

비로자나불 협시보살인 문수보살의 상징 사자와 보현보살의 상징 코끼리의 검문을 받고 불이문不二門을 들어서면 중간 영역으로 든다.

불이문은 일주문, 천왕문을 거쳐 경내로 들어가는 세 번째이자 마지막 문이다. 불이문을 들어서면 중간 영역인 중로전의 모습보다 상로전인 대웅전이 바로 보인다. 그래서 욕심에 곧바로 대웅전으로 들어서려다 애써 참는다.

중로전에 관음보살을 모신 관음전과 그 뒤로 미래세계에 출현하실 미륵불을 모시고 있는 용화전과 중로전의 중심 건물인 밝은 빛으로 두루 비춘다는 우주만물의 법신불 비로자나불상을 모신 대광명전이 지형에 따라 조금씩 올라가 제일 뒤편에 자리 잡고 있으며, 넓은 터를 앞에 두고 서 있는 오층석탑이 별도의 공간에 어우러져 있다.

눈길을 끄는 것은 관음전도 아니요 중심 건물인 비로자나불을 모신 대광명전도 아닌 가운데 놓여 있는 용화전*이다. 화려한 팔작지붕이 아니라 단순맞배지붕이나 기둥의 튼실함과 굳건히 딛고 서 있는 건물의 모양새가 가장 높은 하늘의 도솔천에서 오랜 세월을 기다리는 내면의 힘을 담고 있다. 내부 법당엔 웅장한 스케일의 미륵불 좌상이 모셔져 있으며, 주위 벽면 또한 다른 내부와 마찬가지로 화려한 벽화가 눈길을 사로잡는다. 언제고 다시 발길 하는 기회가 있다면 이른 아침 조용한 사찰 내부 구석구석까지 벽화들만 찬찬히 감상하는 시간을 가지리라 속으로 다짐을 한다.

용화전 앞에 이상하게 생긴 석조물이 또한 눈길을 끈다. 부처님 제

---

* 56억 7천만 년이 지난 다음 이 땅에 태어나 부처가 될 것이라고 석가모니가 수기授記를 내린 미래의 부처인 미륵불彌勒佛을 모시고 있는 건물이다. 미륵은 미래의 부처이므로 부처가 되기 위해 가장 높은 하늘 도솔천兜率天에서 미륵보살로서 수행 중이다. 미륵은 부처는 물론 보살로서도 표현되는 아주 특이한 존재이며, 미륵이 머무는 건물이라서 미륵전, 또는 미륵이 미래에 이 땅에 내려와 용화수龍華樹 나무 아래에서 가르침을 펼친다 하여 용화전龍華殿이라고도 한다.

자 중 가섭존자가 석가여래발우(공양을 받는 그릇)와 가사(옷)를 가지고 미륵불이 이 땅에 태어나기를 간절히 기다린다는 뜻의 상징인 탑의 형식을 빌린 석조봉발石彫奉鉢이다. 이 석조물에야말로 어릴 적 아버님의 강한 반대에도 불구하고 그 먼 길을 줄기차게 찾아오신 어머님의 목적이 담겨 있지 않았을까? 간절했던 우리 어머니의 치성과 뜻이 통하는 것은 아닌지. 미륵의 출현을 기다리는 간절한 소망을 찾아 멀고 긴 시간을 어머니는 찾아오신 것일 게다. 봉발의 상징물이 있는 곳이 우리나라에 여기뿐이라는 것을 어떻게 아셨을까? 궁핍

용화전 앞 석조봉발

한 살림살이에도 당신 밥그릇 아껴서 부처님께 공양드리는 것으로 그 믿음을 다하셨을까? 팔작지붕 그늘 아래 쪼그리고 앉아 어머니께서 머리를 조아리며 두 손 모아 빌고 또 빌었을 그곳을 바라보며 그 시절의 어머니 기억을 더듬고 또 더듬어 보았다.

그러다 상부 영역으로 들었다. 사방이 모두 정면이 되는 건물로 북쪽에는 '적멸보궁', 동쪽으론 '대웅전' 현판이 걸려 있고 지금 보는 남쪽으론 '금강계단' 현판과 서쪽에는 '대방광전'이란 현판이 걸려 있다. 자장율사가 처음 창건할 당시에 지었으나 오랜 세월을 내려오면서 다시 보수 수리를 거듭하였고 현재의 건물은 인조 22년에 완공되었다고 한다. 공작이 날개를 펼친 형상처럼 멋스럽고 우아하다. 화려한 다포식 팔

작지붕이며, 참배 공간을 마련하기 위해 T자형 건물로 조성해 놓았다.

대웅전을 오르는 계단 가운데 소맷돌에 새겨진 섬세한 조각의 연꽃잎은 서로 잎을 마주보게 하여 어느 방향에서 보느냐에 따라 앙련과 복련이 되며 윤회와 깨달음이 된다. 그 뜻을 생각해 보며 천천히 오른다. 아무것도 없는 공과 무의 세계가 진정한 진리인지 나는 모른다. 여전히 거부할 수 없는 물욕에 굶주린 하이에나 인생이기 때문이지만 이런 내가 몇 번을 반성하며 살아도 내 삶의 깊이는 여전히 얇고 얕다.

대웅전 오르는 계단의 소맷돌에 새겨진 꽃이 반갑다. 아마 처음 창건할 당시에 조각되어 남아 있는 흔적이 아닌가 하지만 줄기를 타고 펼쳐지는 꽃이 꼬불꼬불 길을 잡았다. 그늘에서 감상하는 석화의 모양새가 땅에서 막 피어오르는 형상이며, 가슴에 한줄기 행복한 꽃이 피어오르는 느낌이다.

내부에 불상은 없이 부처님 진신 사리를 모셔둔 계단戒壇이 있어 적멸보궁이라 한다. 이것이 나를 경계하고 깨달아 참회하는 공간이리니 멀리서 합장하고 돌이켜 무거운 가슴에 담겨 있는 죄를 슬그머니 내려놓으며 욕심 많은 미래를 희망한다.

적멸보궁 문살을 바라보며 자꾸만 초콜릿 선물세트가 생각나는 것은 무슨 심성인지. 함께 만지면 사르르 녹아 버릴 것 같은 달콤한 느낌이다.

정수사

인천광역시 강화군 화도면 사기리

가을 햇살에 조는 아이처럼

집을 떠나온 지 벌써 3일째다. 강화도에 도착해 가슴 아픈 도편수의 사랑이 전해 내려오는 전등사에 들른 뒤 여유롭게 정수사를 찾는 길이다. 가을 햇살에 팔락이는 나뭇잎들이 어색한 첫 길손에게 인사 건네듯 잠시 숙였다 팔랑인다. 무임승차 행운 뒤에 오는 어색함도 여행자들에게는 그다지 오래가지 못하는 것은 여행자들만이 갖는 여유와 심성 때문이다.

자글자글한 행복감에 내 가슴은 훨씬 여유로워지고, 오고 가다 만난 사람들과 나누는 미소가 어느 법당 부처님 못지않음을 알 수 있다.

무임승차한 마차에서 내려 간단한 목례로 인사를 나누고 내 갈 길을 간다. 어느새 우거진 숲에서 내뿜는 맑은 공기가 설렌다. 가을이 점점 물들어 가는 오전 나절 맑은 공기가 가슴을 시원하게 적셔 주며, 한 걸음 한 걸음 내딛는 다리에 힘이 들어간다. 길에서 만난 때 이른 아이들의 재잘거리는 웃음소리와 해맑은 인사가 내 몸에 보약처럼 스며들고, 인솔 선생님의 마지막 인사에 정겨움이 묻어난다. 그러다 갑자기 사위 四圍에 정적이 일며 고요에 묻힌다. 순간 나는 이방인이 된 듯 외롭다.

정수사 대웅보전

그것도 잠시 외로움을 깨는 반가운 까치 소리로 환영 인사를 받고, 숲에 사는 벌레들의 합창을 발소리 죽여 듣는다. 내가 반가운 손인가? 까치의 울음소리가 사뭇 잦다. 가을 오전의 햇살이 나무숲 사이를 간간이 비추고, 맑은 수채화 한 장 보는 즐거움과 그 속으로 걸어 들어가는 행운을 맞는다. 까치 노랫소리는 내 마음에 반가움이 있기 때문이며, 내가 꽃을 보고 좋아하는 것은 내 마음에 꽃이 들어 있기 때문이라는 자찬을 하며 피식 웃는다. "내가 그의 이름을 불러 주었을 때 그는 나에게로 와서 꽃이 되었다." 나는 들뜬 김춘수가 된다.

강화도 남쪽 해발 467미터의 마니산 기슭에 자리하고 있는 정수사는 법당 서쪽에 맑은 샘물이 솟아나 정수사淨水寺라는 한문 글자만 바꾸어 칭했다는 이야기가 있다.

대웅보전 문살

계단 몇 단을 오르자 대웅보전이 높은 뒷산 깎아지른 곳 아래 살며시 앉았다. 어머니 품속에 안겨 잠든 아기처럼 가을햇살에 엄마 젖을 찾아 조는 아이처럼 있다. 그 옆으로는 젊은 보살들이 햇살 좋은 날에 발원하듯 옆 마당에 자리 펴고 둘러앉아 간간히 웃음 나누어 가며 유기그릇에 반짝반짝 광을 내고, 그 정겨움을 깨울세라 살금살금 숨죽여 돌아간다. 정면 세 칸, 측면 세 칸 겹처마에 측면에서 보면 사람 인人자를 한 맞배지붕의 주심포 양식이다. 그리 크진 않지만 당당하며, 맞배지붕의 힘차고 강한 인상을 가까이서 받는다. 잘 다듬은 세 단의 석축 위에 올려져 있어 보는 이의 시선이 고개를 쳐들지 않을 수 없게 만든다. 특이하게 측면에서 보면 앞쪽으로 한 칸의 툇마루를 하나 더 내어 전체적으로는 측면 네 칸 집이 되도록 했다. 측면에서 보면 용마루가 건물의 중앙에 위치하지 않고 뒤쪽으로 밀려 앞쪽을 더 길게 차지하고 있다. 이로 보아 나중에 툇마루를 내었다는 것을 알 수 있다.

　높은 축대를 올라 대웅보전 가운데 칸을 넷으로 나눈 사분합문四分閤門살에 선다. 방금 채색한 듯 호화롭고, 화려한 색감의 모란과 연꽃들이 지금 막 피어올랐다. 두 개는 청자 화병에서 꽃살문이 피어 있고 또 다른 둘은 진사도자기에서 꽃살문이 피어오른다. 여러 개의 나무로 조각하여 붙인 것이 아니라 하나의 나무로 정성스레 조각했고 각각의 문양과 그림이 모두 달라 이 또한 귀하디귀한 장인의 숨결 같다. 뒤칸 처마의 공포를 짜 맞춘 포작包作들도 화려하게 꾸며 놓았다. 건물 전체가 어느 것 하나 필요치 않은 것 없이 잘 정화되고 절제되어 화려함과 조화됨으로써 살아 있다 하겠다.

　법당 서쪽 정수사의 이름값을 매기는 맑은 샘물을 찾아 목에 걸린 찌꺼기를 씻어내며 우연히 올려다본 하늘이 맑다. 목줄을 타고 내리는 시원한 물줄기가 오장육부에 전율을 감돌게 한다. 내 마음을 맑게 가지라! 속세에 찌든 내 몸을 정하게 하며, 저자거리의 묵은 때를 벗어 내고 해맑은 마음으로 돌아가라는 만든 자의 깊은 속내가 아닐까 한다. 홀로 걷는 이의 마음속에는 백만 가지 번뇌가 도사리고 있는지도 모른다. 특히 장돌뱅이의 마음은 더 그렇지만, 모든 걸 애써 잊고자 법당 안으로 들어서 삼배를 올린다. 늘 그래 왔듯 애써 감사하는 마음으로 내 삶에 용기를 불어넣고, 내 앞날이 더 이상 없어지기 전에 뒤를 돌아다보며 내가 어디를 향하는지 머물러 보는 시간을 갖는다. 아등바등 살아온 시간들이 부끄럽고, 하룻밤 자고 나니 지천명의 세월이라 짧은 생에 더불어 사랑하며, 연약한 들풀 하나에도 인정의 시선을 보내며 사무치게 사랑하고 볼 일이다.

구슬 같은 땀을 흘리며 올리는 아주머니 절이 길어진다. 어떤 고뇌가 마음속에 도사리고 있어 이렇게도 처연할까? 그 모습이 우리 모두의 마음이요 모든 억장소멸을 위한 우리 민초들의 순한 모습이 아닐까? 무임승차하고 길을 왔듯 불심도 빌붙어서 소원하는 미련한 중생이 여기 있었다.

법당 툇마루에 서서 가슴 깊숙이 숨을 들이마시고 서해를 바라본다. 하늘빛에 굴절된 뿌연 빛무리가 시야를 가물거리게 하고, 더 많은 욕심에 뒤편 삼성각에 올라 아래를 내려다본다. 내 눈앞으로 숲과 바다와 작은 요사채를 들여놓고 그곳에 쪼그리고 앉아 나는 계단이 된다. 그 옛날 성인들과 지나간 고승들이 바라보며 가슴을 씻었을 그곳을 바라보고 있었다.

이것이 정수법당의 고독한 대웅보전이 아침저녁으로 바라다보는 풍경이라면 단 한 번의 발길에 너무 많은 욕심을 부리지나 않는지 슬금슬금 내려와 처마 끝에 하늘과 닿아 작은 바람에도 흔들리는 풍경을 본다. 일평생 눈을 깜빡이지 않는 살아 있는 물고기다. 이것은 늘 깨어 있으라는 교훈을 상징화한 것이다. 그러나 정겹게 비추는 햇살 때문에 고독해지고, 돌아서 가는 길은 부담이 된다.

미황사

전라남도 해남군 송지면 서정리

늘 그리운 땅끝 절집

우리나라 내륙의 최남단에 있는 절집이 미황사美黃寺다. 150년 전만 해도 미황사에는 40여 명의 스님이 있었다고 한다. 당시 중창불사를 위해 스님들이 해안을 돌며 일종의 순회공연을 하며 시주를 모았었다. 어느 날 설쇠* 맡은 스님이 어여쁜 여인의 유혹을 받는 꿈을 꾸고, 불길한 마음에 오늘은 쉬자고 했으나 주지스님이 말을 듣지 않았다. "내가 있고 하늘이 알고 있는데 무슨 필요가 있느냐"며 결국 그들은 완도·청산도로 공연하러 가던 길에 폭풍을 만나서 배는 침몰하고, 설장고를 맡은 스님 하나만 빼고는 모두 죽음을 당했다고 한다. 그때 미황사는 망해버렸다. 더욱이 궁고를 꾸릴 때 빌린 빚으로 인해 사세가 더욱 기울어버리고 말았던 것이다.

  이 전설 같은 이야길 뒷받침하듯, 미황사 아래 서정리 사람들은 비바람 치는 을씨년스런 날씨를 두고, '미황사 스님들 궁고를 친다'는 말

---

* 제주도 지방 무속의식에 사용되는 타악기. 굄돌 위에 올려놓고 양손으로 채를 쥐고 연주하는 방식이며, 금속성의 높은 음색은 꽹과리와 흡사하다. 징, 북과 함께 연주한다.

사찰 91

미황사 대웅보전

을 속담처럼 쓰고 있다고 한다. 궁고란 해남 지방에서 농악을 이르는 말로 임진왜란 때 승병들이 전투를 하기 전에 진을 짜고 사기를 높이던 군악이나 군고를 일컫는다. 스님들은 이를 12채 가락으로 정리하고 남사당패처럼 여러 곳을 돌며 순회공연을 했던 것이다. 이 외에 창건설화를 뒷받침할 만한 유물이나 자료가 없다.

    전라남도 땅끝 마을을 향해 내려가다 병풍처럼 펼쳐진 달마산을 뒤로하고 앞으로는 넓은 바닷바람을 한껏 들여놓았다. 물빛 비추는 연못 몇몇을 두고 스스로 발하는 그곳에는 가슴 설레게 하는 미황사가 있다. 일주문도, 해탈문도 없는 그곳을 시원한 나뭇길을 따라서 올랐던 제작년 가을의 감동을 아직도 잊지 못한다. 팍팍한 삶이 서러워 보길도를 거쳐 해남으로 기나긴 여행을 다녔던 그때가 첫 번째고, 그 기억을 되살려 가을날 우격다짐으로 찾았을 때가 두 번째였으며, 가까운 벗과 함께 해남군청 주체로 이뤄진 행사 '서편의 소리를 찾아서'에 참여하기 위해서 들렸던 때가 세 번째며, 이번이 네 번째 미황사 길이다. 사실 내가 살고 있는 대구에서 땅끝 해남까지의 길이란 쉽지 않다. 그만큼 시간과 정성을 다해야 떠날 수 있는 여행길이다. 그러나 내가 손꼽는 가장 사랑하는 절집이 바로 미황사다. 그만큼 나에게 감동을 주는 사찰임에 틀림없기 때문이다.

미백색의 기둥, 뽀얀 질감의 문살, 주초에 새겨진 갖가지 바다 조각들……. 공포에 조각된 용두가 반야용선을 이끌고 바다를 건너는 모습, 그 용선에 달라붙은 바다 동물들. 홀로 조용히 돌아본 부도밭과 멀리 내려다보는 탁 트인 공간을 바람 따라 기억을 찾아 그리며 오른다.

봄날의 오후는 가을날의 오전과 흡사하다. 사찰 앞마당을 넓게 두고 달마산 기슭에 그때 보았던 그 모양 그대로 그 자리에 대웅보전이 반긴다. 막돌로 이리저리 쌓은 높은 기단 위에 당당한 건물. 겹처마 팔작지붕의 대웅보전이 봄날의 햇살을 맘껏 받아먹으며 양팔을 벌리고 날갯짓하는 모습으로 살포시 앉아 있다. 묵은 때를 방금 벗겨낸 듯 깨끗이 목욕재계한 질감에 똑같은 감동을 한 번 더 먹는다. 산세를 거스르지 않고 용마루 아래 내림마루와 귀마루까지 과장되지 않은 유려한 곡선이 부드럽고, 거친 살결에 뽀얀 분을 바르듯 화려한 단청을 하지 않은 나뭇결, 골골이 주름진 살결 그대로가 우리 어머니 얼굴에 난 세월의 주름과 갈라진 손등처럼 세상의 고통을 다 보듬어 품고 있는 그림 같아 서늘한 감동에 형언할 수 없는 소름이 돋는다. 그러니 홀린 듯 발길은 저절로 향하게 된다.

그러나 여기 내가 안부를 물어야 할 곳은 대웅보전의 부처님이 먼

대웅보전 주초석의 조각

저가 아니라 공포에 새겨진 용머리 끝 갈 데 없이 처마 끝에 매달린 화룡점정의 풍경과 주초에 새겨진 거북과 게와 각각의 바다 동물들이다. 카메라에 담으며 반갑게 인사하고, 주초에 따개비처럼 붙어 함께 피안 此岸*의 세상으로 건너는 그들의 모습은 오랜 세월에 등짝이 말라붙었다. 그래도 지치거나 힘든 기색 없이 여유롭다. 또한 예쁘게 갈라진 기둥의 질감에 손을 대면 목리의 물결을 넘을 때마다 손가락 끝에 전율이 흐른다. 전면 네 부분인 주초에 둥근 연꽃을 조각하고 그 아래 각각의 조각을 더해 놓았다.

그러나 미황사의 빠질 수 없는 매력은 문살에 있다. 뽀얀 질감의 회백색 문살이 하나의 작품을 이루는데 기교를 부리지 않은 견실한 빗살

---

* 깨달음의 세계. 불교에서 강 너머의 저쪽, 즉 진리를 깨달아 이상적 경지에 이르는 사바세계 정토를 일컫는다. 반대로 지금 우리가 살고 있는 세상을 고통이 가득한 차안此岸의 세계라 한다.

창이 참으로 멋스럽다. 건물은 움직임이 없지만 소통하는 유일한 공간이 바로 문이 주는 역할이니, 너머의 세상과 내 마음의 문을 이어 주는 통로며, 더불어 살짝 열린 문살에 은은한 노출이 주는 아름다움이 담겨 있다.

애써 여유를 부리며 고개 들어 처마 끝에 매달린 풍경을 올려다본다. 저 하늘 끝 더 이상 갈 데 없는 화룡점정을 찍어 놓았다. 바로 요기까지 딱 멈춰 버린 이상의 세상, 작은 바람에도 청아한 소리가 울리는 착각을 하게 한다. 그 끝에 닿아 있는 하늘은 비가 갠 뒤에 바라보는 미묘한 아름다움의 청아한 색이며, 한 마리 물고기가 하늘에서 자유롭게 유영하고 있는 모습이다. 이 때문에 마음은 고요한 아름다움에 묻히고, 그 아래 서방정토를 향한 힘찬 용의 뱃머리와 함께 모든 것이 조화를 이뤄 새 세상을 만들어 놓았다. 이로써 저 멀리 인도에서 발원한 종교가 중국을 거치고 우리나라에 건너와 우리 민족에 의해 더없이 완성되는 것이다.

밖에서 합장을 하고 법당 안으로 들어서 슬픈 표정의 삼존불을 향해 몇 번이고 머리를 조아린다. 숨을 몰아쉬며 고개를 들자 장엄불단이 내 눈앞에 펼쳐져 있다. 화려한 닫집 위 천장에 꽃비가 내리고, 공포의 기둥에 나한들과 학, 모란꽃이 피어 있다. 화려한 수미단*(불단)은 부처님의 공덕을 기리며, 불국토의 이상세계를 엄숙하게 구현하는 것을 바로 장엄불단이라 일컫는다. 탑이 현존하고 있는 부처님의 상징이라면,

* 법당 안 불상을 올려놓는 단. 불교에서 가장 높이 있다는 수미산을 상징적으로 일컫는 말이다. 부처가 사는 세상이 가장 높은 곳이며, 때문에 수미산에 산다는 갖가지 동물 등과함께 동자승 주악천인상이 조각되어 있기도 하다.

법당은 공포의 기둥에 용머리를 조성해 놓음으로써 반야용선임을 상징한다. 바로 세속의 중생들을 교화하고 지혜로 이끄는 공간이 되는 것이다. 그 속에 담긴 뜻을 종교를 떠나 교훈으로 바라보고 느낀다면 믿음이 아니라 화합의 장을 만들어 갈 수도 있을 것이라는 생각을 해 본다.

불단 뒤로 검은 상자가 가로로 놓여 있다. 가뭄이 들 때 걸어 놓고 기우제를 지내면 비를 내리게 한다는 영험한 괘불* 보관함이다. 영조 3년(1727)에 조성된 이 괘불은 근래에 기우제를 지낼 때 기우제 도중에 비가 쏟아져 배접이 떨어져 나간 흔적이 있다고 한다. 가뭄이 들면 이 괘불을 걸어 놓고 기우제를 지내는데, 돼지를 잡아 피를 주위에 뿌린다고 한다. 그러면 하늘이 괘불 주위가 지저분한 것을 싫어해 비를 내려 깨끗하게 쓸어버린다는 이야기를 어디선가 들은 적이 있다. 바로 괘불과 하늘이 사랑을 주고받는 사이가 되는 것이다. 참 하늘도 깔끔하셔라. 그러나 그 깔끔한 성정을 이용한 우리 선조들의 지혜가 바로 반야가 아닐까 한다.

좁은 공간이지만 참 내적 공간 속에 몸을 담았다가 나올 땐 항상 넓은 시야를 확보해야만 속이 뚫린다. 그래서 대웅보전 앞머리에 우뚝 서서 앞을 바라보지만 새로이 불사한 누대의 용마루가 가로막아 앞의 넓은 시야를 가려 버렸다. 넓게 펼쳐진 공간과 탁 트인 숨통을 생각했는데, 입구의 누대를 조금만 낮게 했더라면 거슬리지 않는 공간이 되었을 텐데 하는 아쉬움이 있다. 사람은 누구나 살아생전 흔적이나 어떠한 업적을 이루고 싶어 하는가 보다. 이 때문에 요즈음 절집을 가면 중창불

---

* 야외법회 때 걸어 놓는 불화 야외에 불단을 세우고 불법을 펴는, 즉 야단법석野壇法席 때 걸어 놓는 그림을 말한다.

사가 한창인 곳이 많다. 옛것을 버리고 새것으로 갈아입는 것을 비판할 수는 없지만 간혹 아주 간혹 그것이 욕심으로 보일 때가 있다. 기대를 하고 찾았다가 슬픈 심정으로 돌아온 적이 많았기 때문이다.

뜰 앞에 흘러넘치는 물 몇 바가지 마시곤 출렁이는 뱃속을 담고 부도밭을 향해 길을 잡는다. 동백이 하나씩 피어나고 있고, 멀리 바닷바람이 불어올 것 같다. 꾸불꾸불 돌에 차이며 지금까지 보고 온 그것들 주워 담느라 여유가 없다.

처음 이곳을 찾았을 때 홀로 부도밭을 찾던 노스님을 뵌 적이 있다. 지팡이에 의지한 스님의 걸음이 부자연스러웠고, 더불어 한 손도 부자연스러워 보였다. 인사차 합장을 했으나 표정에 미묘한 변화가 일어났다. 참 슬프게 일그러지는 미소였다.

길 끝나는 지점 왼편으로 올라가면 대규모 부도밭이 나온다. 그러나 그것보다 오른편 몇몇의 부도만 줄지어 서 있는 작은 부도밭에 이끌리곤 한다. 그곳에는 햇살이 더 따사롭게 비추며, 작은 바람에도 짧은 속눈썹이 흔들리는 느낌을 받는다. 작은 텃밭처럼 양지바른 곳에 서있는 부도 몇 기, 어느 부도의 상륜부를 보면 그 시대 건축물의 양식을 다시 한 번 견본처럼 축소하여 보여 준다. 또한 부도에 새겨진 조각들을 보고 있노라면 온갖 시름을 잊게 한다. 하나하나 조각가의 자유로운 상상이 무척 즐겁고, 정성스레 한 정 한 정 새겨 가는 장인정신과 땀방울과 찍어 내는 정 소리가 상상만으로 행복하다. 붕어빵도 있고, 게빵도 있고, 간혹 원숭이 대갈통도 있다. 비록 세월의 흔적에 이끼 낀 돌들이지만 어느 고승의 무덤이 이토록 정겹게 보일까. 그래서 미황사 부도밭에는 고독도 있고, 사무치는 그리움도 있다. 아이들의 노랫소리 같은 청아함도 있고, 그러다 간혹 정신을 차려 보면 흘러간 물이 역행하는 어지러움도 있다. 혼자 구시렁거리며 돌아다니는 내가 한곳에 집중하고 앉아 놓치기 싫은 시간을 죽인다. 일순 정지된 그 찰나를 혼자 움직이며 즐긴다. 대신 그들이 꼼짝 않고 있었다.

성혈사

경상북도 영주시 순흥면 덕현리

아름다운 문살에 넋을 놓다

인기를 한 몸에 받고 있는 사람과 함께 서 있다는 것은 상대적으로 왜소하고 초라해 보일 수 있는 위험이 도사리고 있다. 이것은 세상 이치가 모두 상대성이라는 사실 때문이지만, 위만 올려다보고 살았을 때 지치고 온몸에 힘이 빠지게 되는 것도 이와 별반 다르지 않을 것이다. 그래서 가끔은 홀로 동떨어져 아웃사이더의 고독을 느끼며 나르시시즘에 빠져 보는 맛도 어쩌면 필요한 것이 우리네 인생일지도 모른다. 개울가에 앉아서 돌을 골라도 예쁜 돌을 고르기 마련인데, 화려하고 스포트라이트를 한 몸에 받고 있는 그 주위를 어쩔 수 없이 서성여야 한다는 사실은 상대적 소외감에 허덕일 수밖에 없게 한다. 이 말은 경북 영주에 있는 우리나라 최초의 서원인 소수서원과 무량수전의 신라대찰 부석사를 가까이 두고 상대적으로 초라히 서 있는 성혈사聖穴寺란 절집을 두고 하는 말이다.

 의상대사가 창건한 성혈사는 이름처럼 바위굴에서 성승聖僧이 나왔다고 해서 붙여진 이름이지만, 처음 이 절집을 찾았을 때 다가온 나한전의 꽃창살과 소슬살문에 넋을 놓은 적이 있었다. 이토록 수려하고 아름다운 문살을 간직한 사찰이 인근에 부석사와 소수서원의 유명세에 가려 빛을 보지 못하는 것이 못내 안타까웠다. 그리고 막 돌아와 그곳의 문살을 그리워했다.

그러나 마음과 달리 근 5년 만이던가? 지난해 가쁜 숨 몰아쉬며 달려갔을 때, 나한전이 수리 보수를 하고 있던 덕에 눈물을 참으며 빈 발길을 돌려야 했던 기억을 되살리고, 새봄이 오기를 바쁘게 기다려 찾는 지금의 발길은 잔잔한 흥분으로 가득차다. 해맑은 봄날 소백산 비로봉은 지척으로 다가와 있고, 눈 덮인 정상은 파란 하늘과 함께 눈이 시리다. 실개천 건너 군데군데 잔설이 쌓여 있어 가끔 환기를 위해 열어 놓은 창 밖 바람은 여전히 차다.

요즈음 절집은 어디를 가도 1년이 다르게 새 단장이 한창이다. 달랑 부처님 제자를 모셔둔 나한전과 요사채 하나만이 초라하게 이방인을 맞아 주던 그때와 달리 부석사 안양루를 모각한 누각이 탁 트인 하늘과 산등성을 기품 있게 바라보며 서 있고, 화려한 단청을 한 대웅전과 산신각이 새로 생겨났으며, 번듯한 요사채가 제일 높은 곳에서 위엄을 부리고 있다. 대웅전의 불경 소리가 계곡을 울리고 낯선 이방인은 꼭 닫혀 있는 대웅전 너머의 세상에 대고 부러운 마음속 합장을 한다.

두근대는 가슴을 진정시키며 한동안 그리워했던 나한전을 찾았다. 문살은 옛 모습 그대로 이방인을 반기는데 카메라를 찾는 손이 설렌다. 정면 세 칸 맞배지붕의 튼실한 모습과 살짝 배흘림기둥의 굳건함 가운데 소통으로 움직이는 문살에 눈길을 빼앗긴다. 특이하게도 단아한 건물에 아름다운 문살을 조금 더 보여 주기 위한 배려인 듯 기둥과 기둥 사이에 벽체가 없이 곧바로 화려한 문을 달았다. 세 칸의 문살 중 왼편

성혈사 나한전

나한전 문살

바꽃살문

두 매는 비꽃살문을 달았으며, 오른편 두 매는 왼편과 같은 비꽃살문과 모란꽃살문이 투각되어 어우러져 전체로 보자면 균형이 약간 기울어진 모습이다. 그러나 좌우의 퇴칸退間과 달리 작은 연못의 세상을 만들어 놓은 가운데 것에 가장 많은 눈길을 빼앗기게 되지만 욕심처럼 하나씩 정리하듯 애써 왼편의 문살부터 감상하기 시작한다.

문살은 대각선으로 서로 겹치게 하고 세로로 한 줄을 세워 세 개의 긴 나무조각이 서로 맞물리도록 끼워 맞췄다. 그것이 이어지고, 부분으로 다듬은 둥근 선이 조화를 이루면서 아름다운 비꽃이 되었다. 이 모양은 비가 땅에 떨어지는 순간 바닥의 물과 만나면서 생겨나는 모습을 꽃으로 묘사해 놓은 것인데, 이것을 순우리말로 비꽃이라 한다. 떨어지는 순간 즉 찰나의 모습에서 무엇을 갈구하며 이토록 아름다운 형상을 조각해 놓았을까? 금방 사라지고 말 꽃을 영원히 이곳 문살에 담아서 어떤 교훈을 생에 남기고 싶었던 것일까? 불법佛法이 물처럼 흐르고, 꽃처럼 화려하게 피어나다 순간에 사라지고마는 생의 덧없음을 그리 표현해 놓은 것일까. 파도가 치고 난 뒤 번뇌가 사라진 마음에는 지난 모든 업과 앞으로 지어질 업 그리고 씻어야 할 업이 선명히 보여 해탈에 이른다는 해인海印에 버금가는 의미인지도 모른다. 그리고 가만히 손끝을 문살에 대고 큰 숨을 몰아쉬며 어릴 적 우리 초가집 처마에서 떨어지던 물방울을 기억해 낸다. 맞다! 그것이 이렇게 아름다운 꽃이었다. 갑자기 한기가 몰려온다. 그것은 어린 시절 대청마루에 턱 괴고 앉아 내리는 비를 청망스럽게 바라보던 그 시절, 러닝셔츠를 입은 내 모습이 떠올랐기 때문이다.

초봄의 햇살은 구름에 들락거리며 앵글을 잡은 나를 농락하고, 맛

있는 것은 아껴두고 나중에 먹는다는 평소의 버릇처럼 가운데 칸을 애써 지나치며 오른편 문살에 다가선다. 왼편의 문짝은 비꽃인데 오른편에는 비꽃 위에 부귀영화를 상징하는 탐스러운 모란꽃을 화려한 자태로 피어냈다. 만든 자의 장난일까? 그냥이란 이 세상에 있을 수 없는데 아무렴 생의 미련이 남아 욕심을 꿈꾸며 유혹하고 있는 것일까? 한참을 바라보며 생각에 잠기고, 기어이 해답을 얻어 내듯 나름의 편리한 결론에 이른다. 마치 인생에 있어 불법佛法을 따르면 고통 없이 편안하고 태평세월을 살 수 있다며 조곤조곤 이야기하고 있었다.

투각기법은 양감의 느낌을 최대한 살렸고, 그 위에 최소한의 채색으로 마감을 해 놓았다. 가볍게 보자면 화려한 꽃밭에서 행복을 즐기며 없는 듯 살다 가라는 뜻이며, 좀 더 심각하게 논해 보자면, 불법의 향기가 온 세상에 널리 퍼져서 고통을 받는 중생이 단 한 명도 없기를 간절히 기원하는 마음이 담겨 있는 것이다. 더불어 찰나의 비꽃 위에 올렸으니 그것이 인생이며 덧없음이니, 매순간 최선을 다하고 성실히 행하라는 가르침을 주고 있는 것이다. 나를 되돌아보며 연한 바람에도 흔들리는 약한 심지를 자책하고, 악착같은 삶을 살고 있는 저급한 인생을 잠시나마 반성하며 눈길을 거둔다.

이제 애증의 시선으로 기다리고 있는 가운데 문살로 눈을 옮긴다. 화려한 문살에 갑자기 마음이 바빠지기 시작했다. 전체를 보면 작은 연못을 표현해 놓았는데 이것은 한 편의 드라마요, 수많은 이야기를 던지고 있다. 중앙 두 매의 문짝이 하나의 작품을 이루는데 각각 네 매의 판자를 이어서 하나의 문살을 만들고 그 아래 빗살문으로 견고하게 끼워 맞췄다.

문살에 새겨진 작은 연못

투각으로 된 문살 연못에 연꽃과 연잎이 이렇게 저렇게 소담스럽게 피어 있고, 물고기를 입에 물고 있는 새와 조가비를 입으로 쪼는 학 그리고 여유롭게 거니는 또 한 마리의 학, 하늘에서 막 내려오는 학, 한 마리의 작은 용, 여러 모양의 물고기와 연잎에 폴짝 뛰어오른 두꺼비, 어디를 열심히 오르는 게 그리고 아래에 물살을 가르며 유영하는 물고기들이 하나의 작품을 이루고 있다. 연잎 꽃잎 또한 활짝 핀 것, 막 피어나는 것과 오그라들고 있는 각양각색의 모습엔 잔잔한 풍경 속에 부산한 움직임들이 있으니 내 마음처럼 찾아보기가 바쁘다. 그리고 가장 눈에 띄는 것은 연잎에 올라앉아 연꽃가지를 안고 있는 동자의 모습이다.

진흙 속에서도 빼어난 자태를 드러내는 연꽃이 만발하고, 청결하고 신성한 모습에 빠져든다. 살짝살짝 간을 보듯 입혀 놓은 색상은 질감과 양감이 확연히 살아나고, 어쩌면 꽃이슬을 머금어 내 마음속에 한 방울 똑 떨어트리는 청량한 미성이 들리는 듯하다. 그리고 자연이 주는 아름다움과 청령화성의 소리가 내 마음을 비집고, 이 모습은 아무리 악한이라도 처연한 감성의 본성을 느끼게 하는 아름다운 힘이 도사리고 있다. 그리고 나 또한 그로 인해 마음이 맑게 개고 지난날의 작은 소망들이 되살아나는 까닭이다.

학이란 평화로운 삶과 무병장수를 뜻하며, 두꺼비는 대식가다. 또한 두꺼비는 집지킴이며, 은혜를 갚고, 재복을 상징하기도 한다. 우리 인간들의 소망 한 자락을 담고 있다고 해도 과언이 아니다. 물론 부정적 시각도 있다. 원래는 툭 뛰어나온 눈, 울퉁불퉁한 등껍질의 모습이 아니었다. 시쳇말로 잘생기고 멋진 '까도남' 모습이었는데, 욕심이 많아 하늘에서 불사약 두 개를 몽땅 삼켜 버려 지위를 박탈당하고 지금의

성혈사 전경

모습으로 변해 버린 쓰라린 설화가 있다. 욕심 많은 양반계층의 이미지를 동시에 담고 있다. 그러나 우리 서민들의 비권위적 사상과 친밀한 감정과 복을 기원하는 마음을 동시에 담고 있으니 친근한 모습으로 이렇게 만들어 놓은 것이다. 또한 물고기, 즉 잉어는 알을 많이 낳는다. 이것은 다산의 상징이며 노동의 원천인 식구가 늘게 되는 당시 사회의 바람이었던 것이다. 훌륭한 존재로 비유되는 용龍 또한 비를 관장하며 하늘에서 풍운을 일으키니 농경사회에서 꼭 필요한 믿음의 상징이 되는 것이며, 불교에서는 불법을 수호하는 상상의 동물로도 그리고 있다. 그리고 유일한 갑각류인 게는 등껍질이 딱딱하며 갑甲, 즉 천간天干 혹은 십간의 첫째라 장원급제를 이루라는 희망이 담겨 있는 것이니 우리들의 소망들이 몽땅 이곳에 모여 있는 것이며, 우리 민속신앙과 불교가 자연스럽게 접목되는 현장이 되는 것이다. 심성이 유순한 민족만이 이룰 수 있는 힘이며, 지혜라고 할 수 있다.

문살에 이토록 많은 시간을 보내며 감정의 기복과 내 응어리진 삶의 찌꺼기들을 쉼 없이 몰아내니 숨이 가쁘다. 기왓골에 녹지 않은 눈들이 빛을 발하고, 새봄은 지루하게 기다리는 시간이 되고 만다. 뒤돌아서 내려오는 계단 아래 좌우로 이형석등 두 개가 눈에 들어온다. 석등은 부처님 세상을 환하게 비추며 불법이 온 세상에 널리 비추라는 상징적 용도와 절집 마당을 밝히는 실용적 용도로 쓰이는 것인데, 팔각의 정형화된 석등이 아니라 거북의 등에 꼬불꼬불 똬리를 튼 용이 부처님 품속을 파고들 듯 어리광으로 석등의 기둥을 대신하고, 그 위에 불을 밝히는 화사석을 올렸다. 조선 후기 작품이지만 잔잔한 익살이 주는 아름다움과 그로 인해 느껴지는 행복감은 또 다른 재미를 안겨 준다. 불법을 수호하는 수문장 역할을 동시에 하면서 저리도 무표정할까 싶다.

문득 정신을 차리니 나한전 안에서 어느 보살이 울어 대는 불경 소리가 들려온다. 운다는 표현이 맞을지 모르겠으나 불안한 심정이 되어 한없이 칭얼대는 목소리였다. 문득 남산동 도루메기 막걸리집에서 만난 어느 선생님이 들려준 말이 생각난다. 우가풍가雨家風家라 했던가? 참 힘든 세상을 살다 보면 온갖 풍파 다 겪는다는 말이지만, 세상사란 그저 연약한 바람인 것인데 무엇이 한스러워 저토록 서럽게도 풀어내는가 싶었다. 그 소원이 무엇인지 부디 성취하시길 마음으로 빌며 그렇게 발길을 돌리고, 감사하며 내려오는 길에 고이 담아 놓은 카메라를 보듬어 안는다. 화면을 켜고 다녀온 그것의 향연을 다시 한 번 감상하는 맛을 나는 안다.

-
-
-

폐사지

여주 고달사지

합천 영암사지

보령 성주사지

강릉 신복사지

남원 만복사지

원주 거돈사지

울주 망해사지

고달사지
경기도 여주군 북내면 상교리

석공 고달의 아픈 손길

고달사지를 찾아가는 길, 오래전 경복궁 옆 뜰에 서 있던 고달사지 쌍사자 석등이 떠올랐다. 법주사 쌍사자 석등이나 합천 영암사지 쌍사자 석등처럼 두 마리의 사자가 서로 배를 맞댄 채 하늘을 향해 화사석을 받치고 있는 것이 아니라, 두 마리 사자가 여유롭게 앉아 있는 모습이 참 이채로웠다.

　폐사지, 생각만으로도 가슴이 뛴다. 그곳은 한없이 조용하고, 한적하며 때론 고독하기까지 하다. 그렇지만 그곳에는 아픔이 있고, 그것을 만회하려는 수다가 있다. 또한 시간이 멈춰진 찰나를 보는 듯 착각에 빠져들기도 한다. 모두가 정지된 순간에 나 홀로 움직이는 즐거움이 있다.

　여주 북내면 혜목산. 산세의 흐름에 따라 완만한 경사면에 잡풀 흩날리고, 이리저리 용도를 알 수 없는 석재들이 흩어져 있는 고달사지가 모습을 드러낸다. 흩어진 석재들과 힘 있는 부도와 승탑 그리고 우람한 이수와 귀부, 거대한 불좌대만이 지난날 화려했던 기억을 간간히 들려주고 있을 뿐이다. 나옹선사의 제자인 무학대사가 한때 고달사에 은신했었다는 기록이 나온다 하나 그것이 기록의 전부란다.

폐사지　113

고달사지 석불좌

　고달사지는 '고달'이라는 석공이 이곳의 석재들을 모두 조각한 뒤 스스로 승려가 되었으며, 그 후 절집 이름을 고달사라 부르게 되었다는 이야기에서 유래한다. 그를 기다리던 아내와 아이들은 굶어서 죽었다는 기막힌 전설이 함께 전해 오니 슬프다. 구태여 굶어서 죽을 수밖에 없었을까? 사실 관계를 떠나 굶어서 죽었다는 것보다 더 아름답고 행복한 결말로 이끌어 낼 수는 없었을까? 과연 처자식을 굶어서 죽게 만들고 큰 스님이 되기까지 그간의 마음속 고통에 얼마나 힘이 들었을까?

　이런저런 생각으로 폐사지에 드니 이곳저곳 장대석과 기둥을 떠받쳤던 주초들엔 황량한 기운의 슬픔이 묻어 있고, 앙상한 잡풀 건더기들만 이방인의 발길을 방해하고 있다. 멀리서 들려오는 아이들 뛰어노는 소리가 빈 터를 깨우고, 붉게 익은 산수유 열매가 산자락에 가는 가을이 아쉬운 듯 마지막 색깔을 내고 있다.

처음 이방인을 맞이하는 것은 보기에도 장엄한 기운이 담긴 석불좌다. 불상은 어디로 가고 사각의 대좌만 남아 있다. 이미 사라지고 없는 불상의 크기를 가늠해 보는 것도 답사의 매력이겠지만, 어느 초야에 묻혀 버렸거나 외국으로 밀반출되었거나 그것도 아니면 어느 강물에 수장되어 미륵이 하생할 날을 기다리고 있을지 모를 일이다.

사각의 대좌는 온전하고 건강한 모습이며, 넓은 지대석 위에 모두 세 개의 돌로 이루어져 있다. 조각수법이 예사롭지 않아 앙련 조각과 함께 바라보노라면 금방 연꽃이 피어날 때 청량한 미성이 마음속에 떨어지는 듯하다.

세 단의 굄돌을 놓고 그 위에 하대석과 상대석 사이 간주석에는 단순하기 그지없이 커다란 안상이 사각의 틀 속에 하나씩 음각되어 있다. 단순한 조각은 자신을 단순화함으로써 위아래에 피어 있는 연꽃잎이 더욱 도드라지게 하는 역할을 톡톡히 하고, 그것으로 거침없이 눈길을 위로 향하게 했다. 불상을 올렸던 윗면이 아랫돌과 대칭되게 앙련을 조각해 놓았다. 이 또한 층급받침이 세 개로 되어 있어 간주석을 중심으로 대칭을 이루어 안정감이 완벽하다.

그 위에 올렸던 불상 또한 편안하며 당당했으리란 생각에 마음속으로 합장을 하며 한 바퀴를 돈다. 그리고 가만히 손끝을 느낀다. 이것을 다듬으며 그간 자신도 모르게 빠져들던 불심과 현실의 틈바구니 속에서 갈등하며 다독였을 석공 고달의 손끝을 더듬는다.

고달사지에는 우리나라에서 가장 아름답고 힘이 있으며, 우렁찬 귀부와 이수가 있다. 나말여초 고승 원종대사 혜진탑비의 귀부와 이수다. 비신은 국립박물관에서 보관 중이나 기억이 일천하니 각설하고, 그것

원종대사 탑비 귀부와 이수

을 바라보는 내 입에선 저절로 '아' 하는 감탄사가 흘러나온다. 고려시대 석제품을 단순한 석탑으로만 얕보던 내 생각을 단숨에 뒤집어 버리는 순간이었다. 우람하고 힘 있는 용두에는 방금이라도 콧김이 새어 나올 듯, 가지런한 이빨이 막 벌어지려는 찰나를 보여 준다. 툭 튀어나온 왕방울의 눈과 활짝 펼쳐진 아가미, 바람에 날리는 깃털이 매우 역동적이다. 다만 목이 짧아 움츠린 모습과 앞으로 삐져나온 발가락이 몸과 머리에 비해 작게 표현되어 있어 아쉽다.

    마주하는 순간 근처 원주 문막에 있는 거돈사지의 원공국사 승묘탑비의 조각수법과 참으로 비슷하다는 느낌이 들었다. 원공국사 승묘탑비는 두께가 얇고 아기자기한 반면, 이곳 귀부와 이수는 규모나 질감 자체가 힘차고 시원시원하며 볼륨이 크다. 거대한 석재를 구해 깊고 힘

고달사지 이수

차게 정질했다는 것을 느낄 수 있으며, 부분으로 섬세한 조형에 그 깊이와 힘을 함께 느낄 수 있다. 어느 한 부분을 잘라 놓아도 하나의 완벽한 작품이 되기에 손색없어 눈이 호사를 하게 된다.

거북의 등에는 육각갑六角甲 무늬가 새겨져 있으며, 위로 향할수록 비신을 받치고 있던 직사각형의 연꽃비좌碑座 아래 눌린 듯 뭉친 갈퀴와 구름이 물결처럼 살아 움직인다. 용두와 구름과 조각수법에서 고려 초기의 힘을 느낄 수 있다. 이수에는 각각의 모퉁이에 네 마리 용이 여의주를 입에 문 채 구름을 타고 용트림을 하고 있다. 지금 막 구름을 뚫고 튀어나올 듯하며, 여의주를 다투는 모습은 보는 이로 하여금 비늘의 질감까지 느끼게 한다. 꿈틀거리는 모습이 더욱 힘차 손대면 촉감까지 느껴져 전율이 흐를 것 같다. 우리 선조들 돌 다루는 솜씨가 떡 주무르듯 했다는 해곡 최순우 선생님 말씀을 이곳에서 실감하게 된다.

하늘의 해는 두터운 구름이 덮고, 멈추었던 바람은 얼굴을 스친다. 나도 따라서 혜목산 깊숙이 들어선다. 길이 아닌 억새를 헤집자 앞에서 놀란 수꿩이 괴성을 내며 하늘로 날아오른다. 얼마나 놀랐을까?

저 멀리 작은 공간을 뚫고 하늘이 조금씩 보이기 시작할 때, 승탑이 눈에 들어온다. 바로 원종대사 혜진탑이다. 굽어진 산세 아래를 굽어보고 있는 훌쩍 큰 키에 주눅이 든다. 사각의 지대석 위에 예쁘게 두 겹의 연꽃으로 하대석을 올려놓았고, 화려한 중대석 정면엔 목이 긴 거북의 용트림하는 목과 몸의 곡선이 힘차다. 거친 파도가 금방이라도 몰려올 것 같지만, 그것을 잠재우듯 잔잔히 미소를 머금은 상대석에 핀 앙련仰蓮에 마음이 깨끗해지는 느낌이다. 중대석의 힘차고 화려한 조각 위에 말끔하고 깨끗한 연꽃이라, 마음속 무한히 휘감던 갈등과 번뇌와 욕심의 파도가 어느 순간 침묵 속으로 빠져드는 느낌이다.

이어서 옆에서 지나는 고운 선을 바라보았다. 매끄러운 선이 눈길을 잡고 도톰하게 핀 꽃잎에 얼굴을 부비고 싶은 곱고 정갈한 마음으로 변한다. 세상의 이치도 이와 별반 다르지 않을거란 생각에 조용히 손으로 쓰다듬어 본다. 하심下心, 나를 낮춤과 동시에 주위를 밝히는 지혜가 들어 있다. 화려함보다 단아한 부드러움이 세상을 더 밝게 비추는 것이다.

상대석 위에 몸돌을 받치기 위한 한 단의 굄돌을 놓고 몸돌을 올렸다. 팔각 원당형 승탑으로서 각각의 네 면에는 문비門扉가 새겨져 있고, 나머지 네 면엔 생령좌生靈座, 즉 나쁜 생령을 힘으로 굴복시키려 악귀를 밟고 서 있는 사천왕상이 각각의 방위에 조각되어 있다. 그 모습은 어느 보살처럼 허리 곡선이 유려하고 아름다운 사천왕상의 모습이라 느낌이 새롭다. 또한 부처님 세상으로 드는 문비가 이처럼 단순한 것도 마음을 갈고 닦아 어느 순간 손으로 가볍게 튕기면 쉽게 열릴 것처럼 참으로 편안하다.

눈길을 위로 옮기면 지붕돌 모서리 귀꽃이 필요 이상으로 홀쭉해 고사리 새순송이같이 돌돌 말아 다소 여려 보이게 한 것인지 올라가는 곡선이 부드럽다. 지붕돌 아랫부분에 홈을 파 놓아 빗물이 자연스럽게 흐르는 물길을 잡아 놓았다. 팔각의 골골이 한 번 더 두께를 주었으니 다시 한 번 빗물이 몸돌로 흐르는 것을 막아 주는 역할을 한다.

지붕돌의 낙수면을 기왓골도 아니요 그렇다고 어떤 문양도 아니고 손 가는 대로 툭툭 다듬어 특이한 질감으로 만들어 놓은 점이 재밌다. 어느 각도에서 바라봐도 햇살이 반사되는 일이 없으니, 빛을 죽여 스스로 돌 속에 머물게 하는 효과를 준다. 고의든 아니든 선조들의 지혜가 담겨 있는 것일 게다. 궁궐이나 종묘에 가 보면 바닥에 깔려 있는 돌(박석薄石)을 매끈하게 다듬어 놓지 않고 조금씩 울퉁불퉁하게 빛이 반사되지 않도록 해 놓은 것도 이와 같다. 감히 상감마마 안전에서 햇살이 강하다 하여 인상을 찡그리고 있을 수 없지 않은가? 아마 그와 비슷한 효과를 염두에 둔 것이 아닐까? 지나친 애정의 접목으로 상상이 즐겁다.

지붕돌 위 노반과 복발 사이 작게 축소된 지붕돌 모양의 보개寶蓋가 화려함을 더하고, 상륜부는 약간씩 삐뚤어져 있으나 아기자기한 모습에 마무리가 앙증맞다. 그 위로 보배로운 구슬 보주寶珠가 유연하게 만들어져 있다.

고개를 돌리니 계곡 좌측 위 높은 나무 계단이 앙상한 숲 속에 놓여 있다. 그곳에 필시 국보 4호라 명명된 부도가 있을 법하다. 한 발 한 발 계단을 오르자 순간 그리 넓지 않은 터 기슭에 강한 힘의 부도 하나가 서 있다. 심하게 불던 바람도 멈춘다. 가끔 들려오던 새소리도 숨을 죽이고 나 또한 침을 꼴깍 삼킨다. 흥분된 순간이 아닐 수 없다.

눈을 감고 심호흡하며, 어느 한 곳에 시선을 빼앗기고 싶지 않은 욕심에서 뒤를 돌아 부도가 바라보는 시선과 함께 해본다. 하늘은 흐리고 스산하다. 저 멀리 산등성이가 회색의 파도를 치고, 고정된 시선에 눈이 맑다. 보고 있자니 부도와 내가 하나 되는 순간을 욕심내기 위해 스스로 자가발전을 하는 이방인이 서 있었다.

강렬한 기운이 화려하나 가볍지 않으며, 또한 딴딴해 보이지만 한없이 부드러운 느낌이다. 균형과 조화와 세밀한 부분의 섬세한 조각 처리가 지금 부도가 서 있는 지형과 산세와 딱 맞아떨어지면서 이뤄 낸 조화된 아름다움이다. 혜목산은 지금의 부도가 있어 더욱 아름다우며,

전설을 간직한 혜목산 전체에 힘이 실려 있다. 이때, 뒤꼭지에서 나를 흔드는 한 마디가 이상세계를 향한 희망을 깨트렸다.

"아무리 봐도 똑같은 돌인데, 맨날 뭐 하러 쳐다봐요?"

차 속에서 기다리다 숨바꼭질하듯 올라온 집사람의 심기 뒤틀린 추궁이었다. 하나의 돌덩이로만 본다면 할 말이 없다. 그러나 하나의 생명체를 보는 느낌이라면 보일까? 인생의 번뇌를 느끼면서 선인들의 지혜를 보는 것이라면 되살아나지 않을까? 석재미술품 감상하듯, 그것도 아니면 미켈란젤로의 조각품을 감상하듯 해 보면 어떨까? 그것도 아니라면 모나리자의 오묘한 미소를 감상하는 마음 자세로 본다면 보일지도 모른다. 그러나 그곳엔 모나리자의 미소는 없다. 다만 지나간 선심 禪心의 마음이 함께 공간을 덮고 있을 뿐이다. 그로 인해 인생의 무거운 짐을 벗게 되며, 진정 새로운 화두가 되살아나는 사연인지도 모른다. 사람은 자신의 관심사에 따라 세상을 바라보게 마련이다. 결코 무시할 수 없는 대가를 지불하고 시끄러운(?) 오페라에 열광하면서 이렇게 고요한 침묵 속에 들리는 세상의 소리를 외면할 수 있을까? 바로 열광의 정점은 침묵과 고요이기 때문이다.

그렇게 애써 무시해 버렸다. 그리고 분해하듯 찬찬히 둘러본다. 화려한 중대석 정면에는 용이 정면을 바라보고 있으며, 양 옆으로 하나의 여의주를 놓고 서로 다투듯 엉켜 있다. 안내문이나 어느 자료에도 구름 속에서 용의 모습이 조각되어 있다고 하지만 나의 눈에는 아무리 바라보아도 구름이 아니라 파도와 부서지는 포말의 순간을 표현해 놓은 것 같은 느낌이다. 거친 파도를 일으키며 물보라 속에서 올라온 두 마리의 용이 서로 여의주를 다투는 형상이라고 나름대로 단정해 버린다.

고달사지 부도 중대석

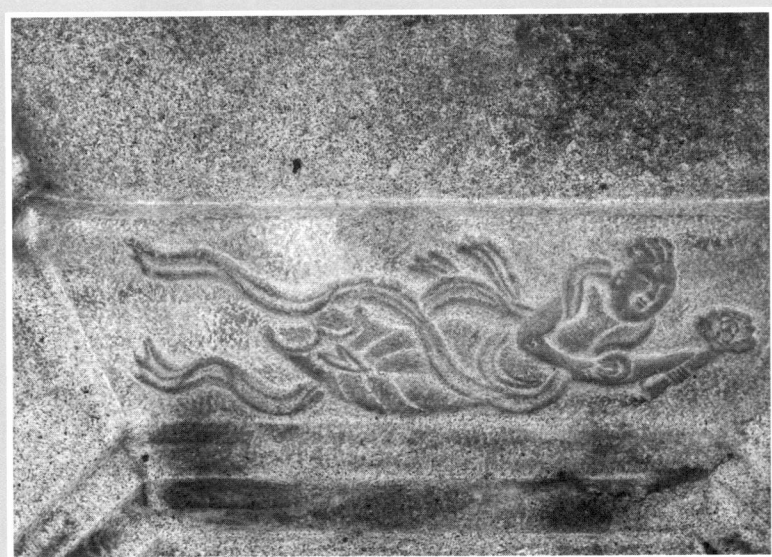
지붕돌 처마에 조각된 주악천인상

가운데를 중심으로 앞뒤 면에 조각된 거북 얼굴은 무서운 모습이 아니라 가지런한 이빨을 훌러덩 드러내놓고 싱겁게 웃고 있는 얼굴이라 다소 무거울 수 있는 부도를 조금은 해학적으로 상상할 수 있게 해준다. 우리 민족만이 담아낼 수 있는 여유이며, 풍요로운 심성이다. 힘겨움 속에서도 희망의 끈을 놓지 않았던 선인들의 멋이다. 또한 그리 가볍지 않은 것은 귀 옆 부드러운 갈기가 바람에 날려 생동감과 웅장한 느낌마저 들게 하니 섬세한 조각의 솜씨가 고달이라는 석공이 혼을 불어넣으며 두고 온 가족도 잊은 채 한 정 한 정 정질하는 모습을 나름대로 상상해 본다. 실눈을 뜨고 바라보며 이마에 흐르는 땀방울을 닦았으리라. 내면의 갈등도 불심으로 다독여 가며 힘들었으리라.

상대석은 원종대사 혜진탑처럼 단순하지만 매끄럽게 숨을 죽인 듯 생략한 모습이어서 마치 아침햇살에 이슬을 머금으며 피어나는 연꽃의 찰나를 상상하게 한다. 비록 정지된 모습이지만 영원히 피어나는 순간처럼 맑고 투명한 정기가 서려 있다. 또한 연꽃 모서리 부분에서는 빼어난 양감과 달콤한 질감을 느낄 수 있으니 아무리 바라봐도 채워지지 않는 갈증으로 미련이 남는다. 어느 부분 하나하나 시선을 쉽게 지나칠 수 없어 새로운 생명의 탄생을 보는 느낌이다.

전형적인 팔각 원당의 몸돌 정면에는 문비가 다소 밋밋하지만 작은 자물쇠와 함께 조각되어 있고, 나머지 세 면에는 영창映窓이 섬세하게 조성되어 있다. 그리고 나머지 네 면에는 사천왕상이 다소 거친 모습으로 구름을 타고 위엄을 떨치며 돋을새김 되었다. 눈길을 가까이 대고 섬세한 모습을 즐긴다. 그러나 이보다 이방인의 눈길을 사로잡는 것은 지붕돌 처마에 조각된 피리를 불거나 비파를 켜며 하늘하늘 날고 있는 주악천인상이다. 구름과 함께 화음을 이루니 이것은 음악이 흐르는 이상세계의 아름다운 선율을 감히 상상하는 맛이 있다.

편애하지 않고 탑돌이하듯 고개를 쳐들고 뱅글뱅글 돌아본다. 이렇게 예쁜 모습을 조각한 석수장이는 과연 어떤 마음이었을까? 내면에 사랑을 담지 않으면 도저히 흉내 낼 수 없는 깊이의 묘한 아름다움이 서려 있다.

상륜부 꼭대기 모습이 세월의 풍파에 휘둘려 온전하지 않지만 복발覆鉢이 예쁘게도 사이에 끼어 있으며, 그 위의 작은 지붕돌 모양의 보개寶蓋가 있고, 그 위에 보배로운 구슬 보주寶珠가 앙증맞다. 그러나 누구의 부도인지 알 길 없어 안타깝다. 아마 당대의 대단한 고승의 흔적이 분명할 것이라 생각하며 아쉬운 발길을 돌린다.

돌아오는 길, 기다리다 지쳐 홀로 구시렁거리다 내려간 집사람의 모습은 보이지 않는다. 순간 어릴 적 술래가 되어 소외되고 동떨어져 숨바꼭질하던 때가 떠오른다. 때를 같이하여 지금 내가 가고 나면 또다시 외로움에 처연히 서 있을 부도가 내 뒤꼭지를 당기고, 나는 내 가슴에 담아 놓은 모습이 흐를까 다시금 소중하게 보듬어 놓는다.

영암사지

경상남도 합천군 가회면 둔내리

멈춰 버린 춤사위

지금은 사라지고 만 영암사. 이곳에 서면 사라진 것들과의 대화가 있고, 빈터가 이렇게 아름다울 수 있을까 하는 생각이 들곤 한다. 답사의 참맛을 느끼게 하는 폐사지의 매력이다. 비어 있으므로 가득 찬 느낌, 바람도 잠시 멈추는 곳, 공간에 흐르는 산새 소리도 음색을 달리 간직하고 있는 곳이다. 그래서 폐사지는 홀로 다니는 여행의 도착점이 되며, 심성을 곱게 다듬어 주기도 한다. 또한 상상만 해도 가슴이 아련해 오는 곳이기도 하다. 이토록 극진한 찬사를 늘어놓을 수밖에 없는 곳이 바로 황매산의 기운을 가득 담고 있는 합천의 영암사지다.

우뚝 솟은 바위산인 황매산이 사람의 기를 움직이고, 눈을 아래로 향하면 단정한 석축이 눈에 들어온다. 석축을 돌아 최근에 이 마을 사람들이 관리하기 위해 지어 놓은 낮은 집을 돌아서니 제일 먼저 보이는 경관에 감탄이 절로 나온다. 툭 튀어나온 석축 위에 엉덩이를 발라당 들어보이며 석등의 화사석을 받치고 있는 사자가 있다. 그러나 그것은 일부일 뿐이고 석등과 함께 아치형 홍예 계단 그리고 석축이 하나의 조화를 이루며 반긴다. 석축 양옆으로 홍예처럼 둥글게 다듬어 계단을 조심스

쌍사자석등

럽게 만들어 놓았다. 큰 바위를 다듬어 만든 계단은 발을 옆으로 기울여 발가락에 한껏 힘을 주고 올라야 한다. 경건한 마음가짐으로 금당에 오르라는 만든 자의 강요라 생각되고, 세월의 인적들에 의해 반질반질 닳아 있어 참 조심스럽게 오른다. 미적美的으로 본다면 석등과 둥근 돌계단 그리고 석축이 묘한 조화를 이루는 아름다운 발상에 눈을 고정시키고, 전체가 하나의 작품으로 연결되니 찾는 발걸음이 매우 즐겁다.

아름다운 홍예 계단을 조심스럽게 밟고 올라서면 도드라진 석축 위 사자 두 마리가 힘찬 뒷다리를 지탱하며 서로 껴안듯 부처님께 불을 밝히는 화사석을 받치고 있다. 이 석등 또한 팔각이라는 양식에 크게 어긋남이 없이 팔각의 지대석 위에 하대석을 올렸다. 연꽃이 아래로 핀 여덟 매의 복련석 위에 갈퀴와 꼬리까지 표현된 사자 두 마리가 서로 마주서서 힘을 다해 간주석*을 대신하고 있고, 두 단의 굄돌을 세워 연꽃이 위로 핀 상대석 앙련을 표현해 놓았다. 상당한 양감이 있으나 세월의 풍파에 닳아 아쉬움이 미련으로 남는다. 세월은 시간을 죽이며 살아가는 무형의 존재다. 똑똑한 사람도 돈 많은 사람도 비굴하게 오래 이어 가길 원하는 사람도 세월 속에는 장사가 없으니 지금 내가 바라보는 석등 또한 세월에 살갗이 먹혀 가고 있는 중이다. 나는 길게 잡아도 80년에 사라져 갈 인생이지만 이 석등은 1000년이라는 세월 동안 닳아 가고 있었다. 세월의 칼날, 즉 삐뚤어진 양반네들에 의해서, 일제강점기 일본인들에 의해서 그리고 우리들의 무관심에 의해 이토록 죽은 표정으로 형태

* 석등의 기둥. 석등은 일반적으로 하대석 위에 간주석을 세우고 상대석을 받친다. 상대석에는 불을 켜는 화사석火舍石을 놓고 그 위에 지붕돌을 덮는다.

영암사지와 황매산

만 간직한 채 말이 없다. 그러나 내가 남은 미련으로 이렇게 바라보고 애원하듯 서 있다. 건강하게 이 세상을 흐르는 물처럼 살다가 가게 해 달라고 소박함을 빙자해 큰 욕심 한 보따리 내려놓고 만다.

　이렇듯 안간힘을 쓰며 생명을 불어넣은 쌍사자 석등은 정형화된 팔각의 석등, 장구를 엎어 놓은 모습의 고복형 석등과 함께 우리나라에서 화려하게 승화된 석등의 하나다. 그만큼 전란의 역사 속에서 손을 많이 타게 마련이니 일제강점기 일본으로 반출되려던 것을 이곳 주민들이 힘으로 막았다고 한다. 더불어 절박했던 사자의 기운이 더 세게 포효했을 것이다. 마모가 심하지만 이 때문에 더욱 기운차게 보인다. 어떤 이는 암수를 구별하더라만 응당 그럴 것이나, 함께 그 둘을 안아 보면 한스런 민족의 애절함을 느낄 수 있을 것 같다.

금당 기단의 조각

　석등에서 눈길을 돌리면 금당*터가 눈에 들어온다. 그리 높지 않은 토단을 쌓고 외벽으로 장대석과 면석을 돌렸다. 그 위에 사방으로 기둥을 세워 건물을 올렸던 주초석柱礎石이 둘러쳐 있고 가운데 불상을 놓았을 불단의 공간이 있다. 아마도 그리 크지도 않은 석불이 있지는 않았을까? 입상이었을까 좌상이었을까? 북쪽을 등지고 있으니 석가모니불이었을까? 석등을 보아 하니 비로자나불이었을까?

　금당터의 크기와 석등과의 간격으로 보자면 3층의 목탑 양식이 있었을 것으로 추정할 수 있다. 우리나라에 흔치 않은 목탑이 있었을까? 1970년대에 불타 버린 화순의 쌍봉사 대웅전이 목탑 양식을 잘 갖추고

---

* 사찰에서 본존불을 안치한 중심 건물. 대게 석가모니불을 모신 대웅전을 중심으로 가람배치가 이루어지며, 부여 무량사처럼 극락전에는 서방정토, 즉 극락에서 불법을 펼치는 아미타불이 본존불이 된다.

있고, 속리산 법주사 팔상전이 현재 남아 있는 목탑의 대표격인데 이곳 영암사에도 목탑이 있었다? 그렇게 유추할 수 있는 것은 바로 정방형의 금당 사방 한가운데 계단을 만들어 놓았기 때문이다. 또한 금당터에 남아 있는 석재의 조각과 불상이 놓여 있었을 위치는 뒤가 아닌 가운데니 충분히 그런 상상이 가능하다. 그럼 얼마나 높았을까? 아래서 올려다보았을 때, 뒤의 기암괴석 황매산을 거스르지는 않았을 터고, 그리 넓지 않은 터에 단정하게 올린 3층의 목탑이 있지 않았을까? 상륜부는 또 어땠을까? 이렇듯 이곳은 상상이 꼬리에 꼬리를 물게 만든다.

금당터 석축에 코끼리 눈의 형상인 안상眼象이 크게 음각되어 있고 그 속에 갖가지 자세로 터를 지키고 있는 사자상이 양각되어 있다. 어떤 곳에선 머리만 무섭게 노려보고 있으며, 어떤 곳에는 고개를 뒤로한 채 포효하는 모습도 있고, 또 어떤 곳에는 사자라 보기엔 민망스럽게 개의 모습을 한 동물도 있다. 하나씩 감상하는 재미에 푹 빠져 보는 즐거움도 있다. 과연 우리 조상들이 사자의 모습을 알고 있었을까? 대충 이러이러하게 생겼다더라. 그렇게 구전되어 수만 리를 넘어 석공의 귀에 들어왔을 것이다. 그러면 석공 또한 자신만의 상상 속 사자를 다듬었을 것이다. 그렇게 하다 보니 요런 모양도 있고, 조런 모양도 있다. 무섭게도 만들고, 정겹게도 만들고, 해학을 버무려 두루뭉실 이렇게 저렇게 만들었을 것이다.

금당터의 조각품을 하나씩 감상하며 돌다 보니 이방인의 발길을 잡고, 가슴을 저미게 하는 것이 있다. 바로 금당터 동서 양옆 계단 소맷돌에 가릉빈가상이다. 춤을 추다 멈춘 것 같이 깨져 있어 보는 이의 마음을 아련하게 만든다. 처연한 자세로 멈춰 버린 찰나의 순간에 말을 걸

영암사지 소맷돌의 가릉빈가

어온다. 나는 그들이 들려주는 슬픈 사랑 이야기에 귀를 기울인다. 마음으로 가슴으로 느끼는 것이 바로 공감이다. 언제고 춤이 완성되기를 간절히 소원하고 있다. 멈춰 버린 공간에 초대받지 않은 이방인이 되어 슬픔을 함께한다.

가릉빈가는 불교 경전에 나오는 상상의 새로서 사람의 머리를 하고 날개를 달고 소리 또한 묘해서 미음조美音鳥라고도 한다. 극락정토에 깃들어 극락조라고도 하는데 춤추고 노래하는 형상이 많아 사람의 상상력이 얼마나 대단한지 알 수 있다.

소맷돌에 가릉빈가를 조성한 그들의 마음씨가 참 자유롭고 아름답다. 부처님 세상으로 드는 계단, 즉 도솔천에 오르는 그곳에 노래하며 춤을 추고, 극락을 소망하는 우리 여인네들의 아름다움을 이토록 절절하게 표현해 놓은 것이다. 그리고 소맷돌의 가릉빈가를 자세히 보면 우리의 한복을 입은 듯 보이니, 우리 민족의 심성에 딱 들어맞는 빈가라고 할 수 있다. 언제, 누구의 손에 무참히 머리와 날개가 깨어진 것인지 알 수는 없지만 춤추는 순간의 모습 그대로, 찰나의 순간을 기억하며 기울어져 처연하게 놓여 있다. 그것도 투명한 유리 앞뒤처럼 등을 맞댄 채 양면을 다듬어 놓았다. 언젠가 그 춤이 완성되기를 끊임없이 기다리고 있는 애절한 모습이다. 이처럼 슬픈 전설을 간직한 가릉빈가는 세상에 딱 여기밖에 없을 것이다. 그러하니 영암사지에는 못다 한 노래가 있고, 못다 한 춤이 있으며, 슬픔이 깔려 있다.

　금당터에서 서쪽으로 발길을 옮기면 너른 터에 금당터가 있고 비석의 받침인 귀부龜趺*가 동서로 둘 놓여 있다. 비석은 어디 가고 비석 위에 올려 있던 이수螭首**도 없다. 어느 양반네 비석의 윗 대가리로 임무 교대하고 있을까. 다만 귀부 비좌의 용머리 거북이 힘차게 트림하고 있어 당시 당당했던 모습을 상상케 해 준다. 조금 같은 형태이나 조금씩 다르다. 비좌 양옆으로 물고기 문양이 서로 여의주를 다투며 노는 모습이 재밌다.

　이곳은 과연 어떤 형태의 어떤 신앙의 대상을 모신 전각이었을까 상상해 보지만 남아 있는 부재로는 가늠하기 어려워 마음으로 다듬기를 그만두었다.

---

* 용의 머리를 가졌으며, 몸은 거북이 모양으로 된 비석 받침돌. 귀부는 등에 무거운 짐을 올려놓기를 좋아하는 용으로 해석하기도 한다. 조선시대에 와서는 사각의 받침으로 팔작지붕 모양의 머릿돌로 바뀌어 간다.
** 비석의 머릿돌. 두 마리의 용이 여의주를 서로 다투는 모습으로 다듬은 것이 많다.

다시 석축을 내려오면 금당터보다 한 단 낮은 곳에 석등과 일직선으로 나란히 선 삼층석탑이 눈에 띈다. 영암사지 전체를 연결시켜 보면, 맨 아래 회랑터가 있고 그 위에 삼층석탑이 있으며 일직선상 홍예계단 위에 쌍사자 석등이 있다. 그 뒤로 금당터가 있으며 멀리 황매산의 바위 기운이 강하게 밀려오는 석탑에 서면 모든 것이 모이는 축으로 보인다. 더불어 그들의 기운을 몽땅 받아먹는 느낌이다. 신라 후기 양식에 따라 쌍탑이 아니라 금당 하나, 탑 하나인 것은 격식을 따르지 않더라도 모든 것을 일직선상에 놓으려는 다분히 의도된 것이라 할 수 있다. 그러니 모든 기운이 모이게 되는 것이다.

　　모서리 기둥인 우주의 직선이 눈에 잡히고 색상 또한 다른 석탑과 달리 붉은 기를 머금고 있어 보는 맛이 간간하다. 다만 다른 부재들에 가려 귀하게 대접받고 있지는 못하나 그리 무시할 정도의 석재품은 아니다. 이 석탑이 있음으로 해서 석등은 빛이 나고 금당터에 이야깃거리가 널려 있기 때문이다.

　　영암사지에는 건물과 건물을 연결하는 복도의 성격을 지닌 회랑回廊*터가 있다. 당시 영암사의 격을 말해 주기도 하는데 사찰의 회랑은 경주 불국사, 불에 타 사라진 황룡사, 미륵사, 감은사 등에 있으며, 이 회랑은 왕실과 밀접한 당대의 화려했던 절집의 면모를 보여 준다.

　　답사의 마무리는 늘 아쉬움을 주지만, 다음 답사지에 대한 기대로 마음을 다지며 돌아오는 길은 풍성함이 가슴속에 충만하다.

　　돌아오는 길에 영암사지와 가까운 백암사지에 들른다. 시간이 아까워서가 아니라 길이 아까워서다. 여기가 절터였던가? 모르겠다. 백암사였던가, 대동사였던가. 다만 단아한 신라 전형의 팔각 석등이 잔재로 말

백암사지

을 해 주고, 깨지고 세파에 시달려 닳은 석불상이 애처롭게 맑은 건다.

  어느 옛날 화려했던 절집의 중심에 있었겠으나 어느 날인가, 몸 따로 머리 따로 뒹굴던 돌조각을 어느 집 자손을 위해 코도 후벼가고, 어느 집 정원의 장석으로 쓰기 위해 지대석도 가져가고, 어느 집 아무개 아들놈이 몇 푼의 돈을 위해 예쁘게 남아 있던 등짝도 떼어 갔다. 그래도 온전히 남아 있는 석등에 희망이 있었고, 사람 여럿 모여 이리저리 뒹굴던 조각들을 맞추어 좁은 터지만 온전하게 정리 정돈해 두었다. 그 사이 함께했던 늙은 회나무와 느티나무가 그의 동무가 되고 그늘이 되어 도란도란 정겹다.

* 사찰이나 궁궐에 주요 부분을 둘러싼 지붕이 있는 긴 복도.

석등의 화사석에 악귀를 밟고 있는 사천왕상의 힘일까. 기다란 간주석이 균형과 조화를 맞추고 넓은 지붕돌이 힘을 받쳐 주니 연잎 위에 꽃이 피어났다. 앙증맞은 꽃 수술이 함께 피어 있는 것으로 보아 이곳도 새 단장될 날이 얼마 남지 않았겠다.

언제 또 발길을 할 것인지 기약은 없다만 지나가는 길에 꼭 잊지 않고 찾아 반가운 모습 다시 보리라.

성주사지

충청남도 보령시 미산면 성주리

고요한 수다

성주사지, 몇 해 전 보령 바닷가에 앉아 조개구이에 소주잔 기울이며 낙조를 바라보던 그때의 느낌이 되살아난다. 그 기억을 되살려 이번엔 작정을 하고 떠나는 발길이라 벌써부터 두근두근 가슴이 설렌다. 또한 그곳에 가면 존경하는 선생님을 만날 수 있다는 사실이 내 감정을 증폭시키고 있었다. 선생님과는 인터넷상에서 맺어진 관계라 첫 만남을 상상 속 모습으로 그려 보기 마련이지만, 내가 쭉 생각해 왔던 모습과는 사뭇 다른 모습이었다. 그러나 훌쩍 큰 키에 뒤로 묶은 희끗한 머리, 카랑카랑한 음성 속에 정겨움이 팍팍 묻어 있다.

동행하기로 한 선생님이 바쁜 농사철에도 나를 안내하여 성주사지로 달려간다. 한때 꽤나 번창했을 탄광촌이라 세워진 석탄박물관을 지나니 우리나라 벼루 중에 최고로 쳐 준다는 남포오석의 석재들이 주위 산 곳곳에 그 흔적을 담고 있다. 더불어 하늘은 어둡고 바람에 습기가 묻어난 걸 보니 아마도 큰비가 내릴 것만 같았다.

왼편에 너른 터를 두고 실개천이 흐르며, 앞으로는 유연한 구릉의 안산安山이 편안함을 주기에 충분하다. 성주사는 백제 때 오합사烏合寺

성주사지 오층석탑

란 이름으로 전해져 오다 통일신라시대에 성주사로 명명된 구산선문*
중 성주산문이다.

　선종禪宗은 중국 남북조시대에 복잡한 화엄종 교리의 교학불교를
비판하며, 직지인심直指人心 즉 스스로 자기 본성을 깨닫게 함으로써
해탈을 이루게 한다는 주관적 사유체계를 강조한 달마대사에 의해 일
어났다. 우리나라 선종의 교리는 중국에서 수계를 받고 돌아온 승려들
에 의해 전국으로 퍼져나갔는데 신라 말에는 농민반란 등 혼란한 사회

---

* 신라 말과 고려 초 선종의 승려들이 세운 대표적 선종사찰 아홉 곳. 남원의 실상산문實相山門, 장흥의 가지산문迦智山門, 강릉의 사굴산문闍崛山門, 곡성의 동리산문桐裡山門, 보령의 성주산문聖住山門, 영월의 사자산문獅子山門, 문경의 희양산문曦陽山門, 창원의 봉림산문鳳林山門, 황해도 해주의 수미산문須彌山門이다. 이 중 봉림산문과 성주산문·사굴산문·수미산문은 폐사되고 그 터만 남아 있다.

를 틈타 진보적 이데올로기로 작용한 점도 무시할 수 없다. 당시 선종과 지방민의 단합된 힘을 필요로 했던 지방 호족과 우리의 민초들이 의기투합하게 된 이유가 여기에 있다. 그러나 그렇게 성행했던 성주사 역시 임진왜란의 화마를 피하지 못한 채 파괴되어 폐사가 되고 말았다. 다만 주위에 널려 있는 석재들만이 흔적을 간직한 채 함구하고 있다.

 넓은 터를 오르자 평평한 평지 뒤로 성주산 자락이 낮게 깔려 있다. 앞으로 우뚝 솟아 있는 석탑들과 금당터와 그 뒤로 작은 전각 하나가 쓸쓸한 역사의 뒤안길에 들어선 지금의 성주사 터를 대변하며 서 있고, 그곳을 바라보는 내 마음도 처연한 가슴으로 낮게 깔린 하늘처럼 어두워져 있다. 거칠 것 없이 하늘을 지탱하듯 우뚝 솟아 있는 오층석탑이 눈길을 가로막고 그 앞으로 석탑에 비해 작은 석등이 어우러져 금당터로 향하는 발길을 잡는다. 남쪽을 바라보며 서 있는 오층석탑은 한때의 기상을 말해주듯 우뚝 솟아 위용을 떨치고 한 치의 흐트러짐도 없이 하늘을 향한 상승감과 더불어 단정한 모습이다.

 지붕돌 끝마무리의 반전이 날카롭고 경쾌하여 하늘로 치솟는 느낌이다. 회색의 어스름에 흐릿한 석탑의 양감이 두드러지지 않으니, 이것이 흐린 날 석탑을 바라보는 매력이요 하늘의 색상과 닮아 있으니 이 또한 화면 가득 채워져 있는 동질성의 그레이발란스로 한결 분위기를 돋우기에 충분하다. 더불어 그 앞에 왜소하며 아담한 팔각 석등이 양념처럼 놓여 있어서 허전함이 덜하지만, 높이 6미터가 훌쩍 넘는 석탑 앞에 서 있기에는 어딘가 어색해 보인다. 그러나 그 석등 또한 2미터가 훌쩍 넘는 것이다. 어디에 누구랑 함께 있느냐에 따라서 그 이미지는 의지와 상관없이 다르게 보일 수 있다는 생각에 피식 웃음을 흘린다.

성주사지 삼층석탑

오층석탑을 뒤로하면 일직선상으로 옛날 불상을 모셨던 금당터가 높은 석축 위에 올려져 있다. 아마 금당터의 크기나 석탑의 위용으로 보아선 대단한 전각이었음이 틀림없지만 지금은 깨진 연꽃 좌대만 남아 삐뚤어진 웃음을 지으며 놓여 있다. 갈라진 틈새에서 삶에 찌든 미소가 배어 나오는 것 같다. 연꽃잎 아래로 핀 복련 조각이 문드러져 누군가 갈아 낸 듯 마모가 심하지만 크기로 보아선 그 위에 놓여 있던 철불鐵佛의 모습이 경북 영천의 어느 시골 마을 작은 전각을 무심코 열었을 때 눈앞에 화들짝 다가오던 철불의 눈매와 겹쳐지고, 당당했을 그때를 상상케 한다. 또한 국립중앙박물관에 전시된 철불의 야릇한 눈매와 얇은 입술과 짱구 머리를 생각나게 한다. 참으로 거대한 절집이었음에 틀림없을 것이다.

동행했던 선생님께선 나의 몸놀림이 지루했던 탓인지 멀리 유유자

성주사지 미륵불

적한 모습으로 빈터의 또 다른 석재를 마주하며 있고, 갑자기 발걸음도 빨라졌다. 금당터 뒤를 내려와 낮은 토단의 강당터를 앞에 두고, 적당한 간격에 일렬로 나란히 반기는 세 개의 석탑을 본다. 고만고만한 세쌍둥이 삼층석탑이라 금당 하나 탑 하나, 금당 하나 탑 둘이라는 배치만을 신라의 건축 방식으로 이해하던 나로서는 처음 접해 보는 터라 신기해 재밌고, 조성 당시의 뜻을 헤아려 보려 해도 헤아릴 수 없고 그저 단정한 모습들에 착한 모범생을 보는 느낌이니 천년을 내려온 그 단아함에 가슴만 뛸 뿐이다.

　세 개의 탑 모두 전형적인 통일신라 양식을 한 모습이지만 이 또한 금당터 앞의 오층석탑과 마찬가지로 1층 몸돌 아래 두터운 굄돌을 하나 더 끼워 넣었으므로 고려 석탑의 선구자적인 역할을 했음에 틀림없을 것이다. 세 탑 모두 1층 몸돌 남쪽에 문(門)비를 새겨 넣어 더욱 세련되고 튼실한 느낌을 주고 있으며, 서로 모양은 다르나 가운데 것은 둥근 석주를 조각해 놓았고, 도깨비 형상의 귀면손잡이를 조각해 놓아 더욱 견고한 문이라는 것을 느낄 수 있다. 세밀한 부분까지 정성을 다했다는 감흥을 받는다. 정으로 다듬은 것이 아니라 틀에 맞게 찍어낸 듯 깔끔한 솜씨에 감탄을 한다. 단 한 번의 정질에 갈라질 수 있는 화강석을 어쩌면 저리 둥근 석주의 크기와 면을 평면지게 다듬어 놓았을까?

다시금 경의의 눈으로 바라본다. 홈으로 파 놓은 음각보다 전체 면을 낮추는 양각에 더 많은 정성이 들기 마련이다.

1층 몸돌이 훌쩍 커 단아하지만 상승감이 있고, 지붕돌의 맵시는 조금씩 다르나 살짝 들린 모서리 반전과 빗물이 흐르는 낙수면의 각이 비슷해 같은 시기에 조성된 것이라 생각된다. 다만 앞의 금당터와 지금의 삼층석탑 세 기가 서 있는 위치를 보면 심히 가깝다는 생각이 들어 터 위에 건물을 올리는 상상을 해 보지만, 어쩌면 좁은 공간에 답답해 하거나 오밀조밀할 수 있었다는 생각을 해 본다.

이어 선생님이 서 있는 전각으로 발길을 향했다. 날이 어두워 금방이라도 비가 내릴 것 같은데, 어두컴컴한 전각 속에 비석 하나가 서 있다. 회백색의 용머리 귀부가 날카로운 정으로 찍어 낸 듯 갈라져 보는 이의 마음을 안타깝게 한다. 그러나 용머리 옆 대각선으로 갈라진 그것을 빼고 나면 대단한 수작임에 틀림없다. 당당한 크기에 툭 불거진 눈망울과 머리에 돋아 있는 외뿔과 힘 있게 벌린 입 매무새가 대단한 정성을 쏟은 것으로 보인다. 그 위에 비의 몸돌인 비신은 어두운 날씨에 더욱 알아보기 어려우나 자료에 의하면 신라의 명문장가 고운 최치원이 글을 짓고 동생 최인곤이 글씨를 썼다고 한다. 비석의 머릿돌인 이수는 전각 속에 묻혀 있는 것처럼 좀체 그 모습을 잘 보여 주지 않고 있다. 다만 흐릿한 눈으로 보아 연꽃 위 구름 속 두 마리 용이 서로 마주 보며 여의주를 다투고 있음을 짐작할 수 있다. 이것이 낭혜화상 즉 무염국사 부도비다. 그러나 정작 부도는 어디에 있는지 알 수가 없다 하니 남아 있는 부도비의 화려함만으로 그 높은 뜻을 미루어 짐작할 뿐이다. 이것이 바로 국보 8호이며, 불우한 지식인 최치원의 사산비문四山

碑文* 가운데 하나다.

　발길을 옮겨 터 구석에서 발하는 석불입상을 본다. 절터의 동쪽 한 구석에 처연히 서 있는 석불입상이다. 참으로 기막힌 인상이다. 보는 이의 마음에 따라서 천의 얼굴이 된다. 방금이라도 웃음이 배어 나올 듯하지만 고뇌에 찬 음울한 인상이며, 아픈 가슴을 움켜쥐고 금방이라도 울음을 터트리려는 모습이기도 하며, 비웃고 있는 듯 속에 감춘 내면의 세상을 꿰뚫고 있다는 자신 넘치는 모습이기도 하다. 또 불쌍한 얼굴로 동정을 한껏 바라는 어릿광대의 모습이기도 하며, 한을 가득 품고 세상을 살아가야 하는 황토색의 짙은 힘겨움도 보인다. 어쩌면 비굴하게 또 한편으론 불쌍하게, 어둡고 고단함을 업보처럼 가슴에 안고 살아가야 하는 우리 민초들의 대표적 모습일 수도 있겠다.

　그러나 그것이 변하여 내 마음의 업장을 소멸시키고 희망을 주는 미륵불이다. 우리 민초들의 열망이 담겨 의도적이든 우연의 일치이든 이런 모습이 된 것일 게다! 하반신 일부가 땅속에 박혀 있고, 얼굴은 누구의 손에 깨어진 것을 또 누구의 손에 의해 지금의 모습으로 복원해 놓았다. 물론 시멘트 땜질에 의한 것이지만 그로써 더 많은 이야기가 담겨 있을 게다. 비록 시멘트의 땜질에도 정성이 있었을 것이며, 고단한 소망 한 자락을 품고 있었을 것이니 잘잘못을 따지는 것 자체가 잘못이라 생각한다. 덧붙이자면 석불이 있음으로서 성주사지에 이야깃거리가 있고 대화가 있고 꿈이 있을 법하다.

---

* 고운 최치원이 쓴 네 개의 비문. 문경 봉암사 지증대사비, 경주 초월산 대숭복사비, 하동 쌍계사 진감선사비, 보령 성주사 낭혜화상비 일컫는다.

이렇듯 폐사지는 황량한 바람만 불어오는 곳이 아니다. 따스한 온기가 남아 있는 그대로 온전한 곳이며, 바람도 가끔 쉬어 가기를 자처하며, 하늘에 구름도 잠시 머물다 공간을 허비하는 곳이기도 하다. 폐사가 된 사연과 함께 완전치 못함으로써 완전하며, 공허함 속에 꽉 들어찬 이야깃거리들이 있다.

더 깊은 내공을 갈고닦아 청아한 마음으로 다시 찾아올 때를 기약하며 아쉬운 마음에 발길을 접는다.

신복사지

강원도 강릉시 내곡동

일편단심 그리움인가

늘 그렇듯 천년의 세월을 훌쩍 넘은 고찰을 찾아가는 길은 설레게 마련이지만 화려했던 영광을 뒤로한 채 사라져 간 옛 절터를 찾아가는 일은 흔적조차 사라져 잊힌 여인의 얼굴을 기억하는 것보다 힘들다. 몇 번을 돌고 돌아 옛 지도 한 장 달랑 들고 변화무쌍한 현재의 발전 과정을 상상으로 더듬어 힘겹게 찾아 올랐다.

  인적도 산새 울음소리도 바람도 없었다. 다만 습기 머금은 이름 모를 잡풀들이 사락거리는 소리만 내며 이른 나절 찾아온 객의 방문을 무심히 맞아 줄 뿐이었다. 작은 푯말 하나가 옛터의 기억을 되살려 주고, 길 안내를 하며 반갑게 맞는다. 친절하게 몇 개의 계단이 놓여 있고, 그 위 어머니 품에 포근히 감싸져 있듯 작은 구릉 한가운데 오목하게 들어간 작은 터, 조는 듯 무료한 듯 서 있는 석탑 하나에 눈길을 고정시키며 들어섰다.

  신복사지神福寺址, 신께 그리도 복을 빌었건만 이리 폐사가 되고 말았으니 슬플 듯도 하건만 맑은 햇살에 청량히 서 있는 석탑. 그 앞에 쪼그리고 앉아 마냥 미소 지으며 석탑을 향해 앉아 있는 보살상(공양상)이

임을 향한 영원의 마음으로 복을 빌고 있는 모습이다. 폐사의 유무에 관계없고, 절집의 흔적에 상관없고, 부처님 존재의 유무를 떠나 한 가닥 교훈을 던져 줄 듯 하니 미천한 마음에 욕심이 설렌다.

석탑 앞에 꿇어앉아 있는 공양상, 사랑에 눈이 멀어 집 팔고, 땅뙈기 팔고, 비자금으로 간직했던 노리개까지 팔아먹고도 모자라 눈 뜨고도 아들을 갈망하는 기자신앙祈子信仰*에 코까지 베었다. 인간들의 이기적 동기에서 세속적 욕망을 충족하고자 하는 기복신앙에서 한 걸음 더 나아간 것이 바로 기자신앙이다. 마지막 정표로 끝까지 들고 있던 쇠꼬챙이의 꽃가지와 한껏 멋스럽게 치렁치렁 달려 있던 귀걸이까지 빼앗기고 말았으니 무슨 정신으로 저리 미소 짓고 있을까 싶었지만 임을 향한 일편단심이야 가실 리 있겠는가! 이것이 진정한 사랑의 모습이라. 어제 다녀온 월정사 석탑 앞의 공양상이 있어야 할 곳에 있지 못하고 징역살이하는 듯, 임과 이별하여 건물 내부 한 귀퉁이에 슬픈 모습으로 앉아 있는 것과 비교를 하면 얼마나 행복한 모습이던가.

햇살을 등지고 돌아서 보고, 햇살과 마주하며 탑돌이하듯 함께 보고, 나누어 보고, 올려다보고, 훔쳐도 보았다. 왼팔을 무릎 위에 올리고 양손을 모아 가슴에 보듬어 안고, 그렇게 정성스럽게 쥐고 있던 공양의 흔적만 뚫어 놓은 채 앉아 있다. 동글동글 복스러운 모습으로, 귀엽고 꼭 다문 입술에 이리도 좋을까? 잔잔함이 묻은 미소에 초승달 같은 눈

---

* 자손이 없는 집안에서 아들을 낳기를 기원하는 신앙의 형태. 특히 주술적인 방식으로 코는 남아를 상징하여 석불의 코 부분을 가루 내어 마시면 아들을 낳는다는 속설 때문에 수난을 당했다. 그 외 남근석을 다듬어 소원하기도 하며, 고목나무에 난 구멍 또한 그 대상이 되기도 했다. 때문에 우리나라 곳곳에 남근석이 많이 세워져 있다.

신복사지 석탑과 공양상

썹을 하고 가는 실눈으로 미동이 없으니 이것이 그리움의 자세리라. 더도 덜도 아닌 무던한 애정이 정겹고, 우리 어머니의 무한한 사랑으로 빌고 또 비는 처연한 그리움의 아름다운 모습이며, 어쩌면 치아가 빠져 버린 우리네 할머니가 입을 옹다문 모습이라서 더욱 그렇게 느껴진다. 석탑을 향해 못 견디게 사랑하고 있는 모습에 과연 이토록 절절한 사랑에 목말라 본 적이 있는지 되돌아보는 내가 허전하다.

목에는 보살이 수행하는 세 단계 과정(견도見道, 수도修道, 무학도無學道)을 상징하는 삼도가 선명하게 주름 잡혀 있고, 큰 귀는 어깨까지 내려와 치렁치렁 열려 있으나 귀걸이를 한 흔적만 남아 있을 뿐이다. 밀교의 영향을 받은 듯 머리에는 원통의 두건을 쓰고 그 위에 어느 고승 부도의 상륜부에나 있음직한 팔각의 지붕돌을 올렸다. 비나 눈으로부터 얼굴을 보호하기 위한 것으로 조성 당시의 것이 아니라 후세에 남다른 애정으로 올려놓은 것이다. 또한 전 부분에 구멍이 많이 뚫려 있는 것으로 보아 정말 살아 있는 보살로 생각하며 치렁치렁하게 장식을 했던 것으로 여겨진다. 꼬아서 내려온 머리카락과 옷가지와 장식이 되어 있는 천의 자연스런 주름이 아름답기에 더 그런 생각이 든다. 잘록한 허리선이 가냘픔을 더하고, 연화좌대 위에 앉아서 바라보는 한없는 사랑에 더 이상 훔쳐보기를 그만두었다.

그와 마주한 불심의 세상인 석탑은 무료한 듯 무덤덤해 보이나 연화로 장식된 지대석 위에 두 단의 기단을 올리고, 고려 초기 석탑 형식에 맞게 몸돌 사이 굄돌을 하나씩 더 끼워 넣었다. 언뜻 보면 정리되고 직선의 가로선이 시선을 붙들어 매는 것 같으나 사실은 복잡하며 켜켜이 올라가는 단아한 맛을 내고 있다. 혹여 일편단심 짝사랑에 시선을 애써 모른 척하는 것이 능청스럽지만 오랜 부부의 연처럼 무심히 정겹다.

크지도 작지도 않은 단정한 석탑을 날리지 않게 연출하고, 세로 선으로는 각각의 모서리에 기둥 모양을 돋을새김해 놓아 힘을 바치고 있다. 온전한 상륜부와 1층 기단의 면석에 안상眼象의 음각과 섬세한 지대석의 복련과 함께 이형석탑의 분위기를 주고 있으며, 어쩌면 불심 가득한 승묘탑의 분위기를 자아내기도 하는 아름다운 석탑이다.

그렇기에 무엇이 이토록 눈길을 붙들어 매는지도 모른 채 앉아 있는 공양상과 함께 한참을 서 있을 수밖에 없었다. 그러다 공양상이 느끼듯 천년 사랑의 내면을 부러워하고, 사랑에 목마른 사슴이 되어 또 다른 빈터를 향해 발길을 옮긴다. 또 한 번 아웃사이더의 고독을 맛보는 순간이다.

* 고요하고 평온한 상태의 마음.

만복사지

전라북도 남원시 왕정동

잔설에 덮인 옛 절터

세찬 바람이 굵은 눈발을 몰아 얼굴을 얼린다. 얼어붙은 아스팔트 도로에 차들이 빙판을 지치듯 지나가고, 그 옆에 한 겹 내려앉은 절터 하나가 있다. 허허로운 모습을 한 옛 절터에 깨지고 흩날리고, 때론 가지런히 놓여 있는 쓸쓸한 세월의 흔적들이 더불어 춥다 한다. 귀가 시리고 코끝이 얼얼하며 볼은 맞바람을 맞아 부풀어 올라 감각이 없다. 어깨에 멘 구닥다리 카메라도 견디지 못한 듯 렌즈에 성에가 끼어 있다.

매서운 겨울날 황량하게 비어 있는 절터를 질기게 찾아가는 내 자신을 돌아보며, 소리 없이 나누는 서정의 마음이 진정 적미寂味*의 경지까지 다다르고 싶은 욕심임을 부정하지 않는다. 그래서 내가 가끔 자유로운 영혼이라 착각하며 몽환적 시간을 즐기길 마다하지 않는지도 모른다.

점점 작은 눈발들이 오락가락 시시때때로 변한다. 입구의 오른쪽에 우뚝 솟은 당간지주가 좁은 지방도에서 들리는 차들의 소음을 고스란히 듣고 서 있다. 조금의 흠집도 없이 온전하고 소박한 듯, 다듬지 않아 더욱 당당하며, 잘 여문 무 깎아 놓은 듯하다.

만복사지 당간지주

쭉쭉 뻗은 화강암이 꽤나 육중하게도 보인다. 아마도 이곳의 버팀목 역할을 하나 보다.

이때, 어디서 여자아이 몇몇이 상념을 깨운다. 애써 무시하며 하얀 눈을 홑이불 삼아 덮고 있는 당간지주 안내판을 장갑 낀 손으로 쓱쓱 문질렀다. 이때라는 듯, 아이들이 종알종알하며 다가와 한참을 같이 들여다보다 한글 깨우친 것 자랑이라도 하듯 예쁘게 읽어 준다. 고맙기도 해라! 추운 겨울날 하얀 입김으로 화답하는 모습이 천상의 천사들이다.

만복사는 고려 때 세워진 사찰이다. 고려는 신라의 잔재를 조금이라도 지우고 새 시대의 정당성을 부여하기 위해 불교를 국교國敎로 삼았던 만큼 시대를 변화시켜 가는 과정이 불교에도 큰 영향을 주지 않았을까? 또한 조선시대에 와서 조금씩 변화가 이루어진 혼재된 모습을 보여 주는 절터다.

이런 생각으로 만복사지 오층석탑을 보니 몸체와 1층 몸돌은 유난히 높게 올렸으며, 지붕돌인 옥개석은 같은 두께의 면으로 모서리에 약간의 반전만을 주었다. 2층 탑신부터 지붕돌과 몸돌 사이에 넓은 돌판(굄대)을 하나 더 끼워 넣어 주름진 모습을 연출해 놓았다. 어쩌면 땅 넓은 줄 모르고 하늘 높은 줄로만 아는 것 같다. 마치 높은 불심을 향해

만복사지 전경

무작정 올리기만 한 것처럼 두꺼운 옷을 걸치고 있는 듯 뭉텅뭉텅 떡판 같아 참 재밌다.

    널브러진 석재들을 지나고 몇 개의 금당터 사이를 지나 단출하게 서 있는 전각 하나. 사람도 그렇듯이 전각의 겉보다도 속이 궁금해진다. 발걸음 빨리하여 옮겨가니 앞뒤 모두 문짝도 없는 썰렁한 빈 각에 어둠을 내려 깔고 서 계시는 불상이 인자한 모습으로 미소 띤 듯 아닌 듯 어둠과 추위 속에서 이 몸을 내려다보고 있다. 만복사 창건 당시에 조성된 것이란다. 마모가 심하지만 섬세한 옷매무새나 불상의 모습과 그 분위기만으로도 추위에 위로가 될 듯하다. 팔각의 납작한 받침돌 위에 연꽃 장식의 둥근 돌, 그 위 미풍에 흔들리는 옷자락에 가냘픈 허리

만복사지 석불입상

선이 눈길을 잡으며, 뭇 사람들의 시선을 붙잡아 매듯 상당히 매력적이다. 그런데 양손은 어디로 간 것일까? 질긴 세상사 아프게 곡을 하는 어느 임이 있어 떼어 주셨는가? 아니면 거추장스러워 토르소* 흉내를 내다 만 것인가? 가까이 다가가 자세히 살펴보니 양손을 팔꿈치부터 별개의 돌로 조각해 끼워 맞춘 흔적이 있다. 온전한 불상이었다면 그 볼륨감이 상당했으리라는 생각을 지울 수 없다.

두광頭光과 신광의 광배가 꽃과 잎줄기를 타고 흐르는 돋을새김이 섬세하다. 그 줄기와 꽃을 따라 시선을 옮겨 보니 좌우에 석불좌상이 조각되어 앙증맞게 놓여 있어 시선을 잠시 잡고, 두광의 중앙 부분에 촘촘하게 앙련이 새겨져 있다.

어딜 가도 버려진 불상엔 부처님의 코가 항상 수난을 당한다. 기자신앙의 억지에 밀려 아들을 기다리는 손 귀한 집안에 "오냐 그래!" 하며 역 보시하신 모양이지만 깨진 슬픔은 여전히 말이 없다.

또한 아무리 봐도 머리는 복발이지만 안내판엔 보글보글 곱슬머리의 나발로 표현되어 있어 이 놈이 잘못 본 것인가 싶어 다시 들어가 어

---

* 머리와 팔다리가 없이 몸통만으로 된 조각상.

두운 곳에 눈 크게 뜨고 봐도 약간의 볼륨은 있으나 나발로 보이진 않는다.

나는 어디를 가도 뒷면을 꼭 찾는다. 사찰 건물의 뒤로 들어서면 녹녹한 습기와 함께 이끼 낀 바윗돌이나 풀 향이 가득 채워질 때가 있기 때문이지만, 불상의 마무리는 뒷면을 어떻게 하느냐에 따라 완성도가 높아지기 때문이다. 우리는 가끔 앞은 뻔지르르하지만 보이지 않는 곳은 대충 얼버무리는 경우가 종종 있다. 그러나 매력적인 석불입상의 뒷면엔 칠등신의 늘씬한 불상이 또 한 번 나를 즐겁게 해 준다.

전각을 나와 썰렁하지만 꽉 차 있는 건물 사이를 홀로 걷는다. 잔설을 밟으며 금당터를 올라서 보니 온전한 불상좌대가 있다. 돋을새김이 아름답고, 크기로 보아 그 위엔 어떤 돌부처님이 오랫동안 앉아 중생을 구제하다가 한도 많은 정유재란 때 만복사가 불에 타면서 함께 불보다 더 무서운 사람의 손길에 사라진 것이 아닌가 생각된다. 그 옆의 떨어진 공간에 슬픈 얼굴을 감추듯 눈 이불을 덮고 있는 금강역사상 머릿돌이 옛터에 쓸쓸히 나뒹군다(최근에는 머릿돌 아래 몸을 만들어 놓았다). 폐사가 되는 순리(?)에 따라 용기 있던 자신만의 기氣를 접고, 보는 이의 마음에 서러운 앙금만을 남긴 채 누워 있었다.

　(상략)
　외로운 저 새는 제 홀로 날아가고
　짝 잃은 원앙은 맑은 물에 노니는데,
　바둑알 두드리며 인연을 그리다가
　등불로 점치고는 창가에서 시름하네.

매월당 김시습의 〈금오신화〉에 수록된 "만복사저포기萬福寺樗蒲記"에 나오는 내용이다. 남원의 떠돌이 총각 양생梁生이 승僧도 속俗도 아닌 늦깎이 총각 상태로 만복사 작은 쪽방에 기거하며 자신의 외로움에 푸념을 읊은 시다. 죽은 여자와의 사랑을 그린 명혼소설冥婚小說로 양생은 이곳 만복사 부처와 저포놀이를 해 이기자 소원이었던 배필을 맞았다. 그러나 그녀는 어느 귀인의 죽은 영혼이었다. 이에 양생은 그녀를 위해 제를 지내고 지리산으로 들어가 그 후론 소식이 없었다는 줄거리다.

매월당 또한 상투를 자르고 승도 속도 아닌 생활을 했으니, 매월당 자신의 생애를 시 속에 형상화했을 것이다. 그 순간 〈금오신화〉를 집필했다는 경주 남산의 용장사지 마애불의 잔잔한 미소가 그리워지고, 부여 무량사에 걸려 있는 김시습의 초상과 이문구의 소설 속에 등장하는 매월당이 겹쳐져 내 머릿속은 뒤죽박죽이 되어 버렸다.

서산으로 해는 점점 기울고, 절터 언덕에 올라 아래를 내려다보며 상념에 잠긴다. 순간 저 멀리 반가운 벗님의 모습이 아른거려 후다닥 내려왔다. 어제 만났던 벗처럼 반갑게 해후를 하고 춘향이를 만나러 함께 광한루로 향했다.

그날, 그렇게 언 몸을 녹이며 유난히 시詩를 좋아하는 벗과 함께 늦도록 대화에 즐거웠다. 맑은 물로 빚은 남원 동동주와 함께…….

거돈사지

강원도 원주시 부론면 정산리

바람도 멈추는 고요

춥다. 바람이 귓전을 때리고 양 볼이 얼얼해진다. 간간이 가는 길엔 녹지 않은 잔설들이 군데군데 보이고, 누구의 슬픔인지 모를 고요와 적막이 가슴에 엄습해 온다. 오래된 폐사지를 찾아가는 마음은 그날의 날씨와 기분과 몸 상태와 심지어 뱃속을 꼭꼭 채워 넣고 다녔을 때와 텅 비어 있을 때가 다르다.

잘 포장된 도로 건너편에는 실개천이 흐르고, 맞은편엔 결코 작지 않은 돌들로 석축을 길게 쌓아 놓았다. 석축 너머의 모습이 설레고, 절터의 시작점이 되는 석축 모서리에는 1000년은 족히 넘었을 것 같은 느티나무가 튼튼히 버티고 있다. 앙상한 잔가지들이 겨울바람에 늘어진 고귀한 모습에 마음이 싸하다.

터덜터덜 걸었다. 긴 도로를 따라 저 끝에 무엇인가 가물가물 보일 듯도 하여 막연한 기대감에 눈을 떼지 못하고 언 손에 카메라만 만지작만지작 시린 눈을 들고 바람을 정면으로 한껏 받아먹는다. 저 멀리 시골 버스 한 대가 텅 빈 채 아무도 없는 길손을 기다리고 있다.

언덕에 올라섰다. 일순 바람도 멈춘 듯 황량한 고요가 찾아온다. 메

거돈사지 전경

마른 겨울 날씨가 찬란한 햇빛을 받아 영롱해지는 느낌이다. 또한 경건해지고 숙연한 마음이 된다. 텅 비어 있는 그곳엔 바람도 멈추고, 시간도 멈춰 버린 시공을 뛰어 넘는 또 다른 세상 같아 보였다. 잘 정리된 풀들이 막바지 겨울을 보낼 채비를 하듯 점점 옅어지는 살색을 띠고 가물거리는 끝자락엔 하얀빛이 반짝인다. 하늘도 맑아 보였다. 한편의 공허한 정경이 이토록 정겹게 다가온 한 순간과 양쪽 눈으로 다 담지 못하는 전경들이 눈부시다. 잔설이 보이고 금당터 앞 햇살을 받은 면에 석탑의 양감이 살아난다. 조는 듯 미동도 없는 석탑.

생각했던 절터보다 더 넓었다. 낮은 야산을 삼면으로 끼고, 절터 동쪽엔 이곳에서 열반에 든 고려 초기 천태학승인 원공국사 승묘탑비가 서 있고, 절터 앞쪽 가운데에 단아한 삼층석탑 한 기가 겨울날 오후 햇살을 쬐며 나른하게 서 있다. 절터의 높고 낮은 석축들이 제각각 옛날의 흔적만 보여 줄 뿐이며, 이루지 못한 영광의 흔적만 가득 들어차 있다.

나지막한 뒷산으로 천천히 걸어 올랐다. 발아래 밟히는 마른풀의 감촉이 바삭바삭 마른 소리를 낸다. 원공국사 승묘탑이 서 있던 자리에는 썰렁한 안내판만 있고, 지대석과 기단만이 남아 있다. 그 주인인 부도는 일제강점기 때 욕심 많은 일본인 집 뜰에 있다가 지금은 국립중앙박물관에 모셔져 있다 하니 부도가 서 있던 자리에 서서 상상만 해 본다. 동쪽 끝에 부도비가 서 있는

거돈사지 원공국사 부도비

데 부도가 있던 자리라 그런지 위치로 보나 부도비가 누구의 손에 의해 지금의 그곳으로 옮겨 심어졌나 보다. 지금은 원주 지역에 소재했던 문화재 환수 운동의 하나로 2007년 11월 이곳에 똑같이 재현해 놓았다.

팔짱을 끼고 아래를 내려다본다. 발아래 넓은 터를 두고 저 멀리 남아 있는 두 개의 조형물 가운데 하나인 석탑이 낮은 토단 위에 보이고 금당터가 남아 있다. 아마 회랑터였음 직한 낮은 토단들이 금당터를 중심으로 둘러쳐져 있고, 그 너머는 짙은 그림자를 남긴 작은 산허리가 넉넉한 공간을 두고 바람을 비켜 막으며 서 있다. 다시 시선을 앞으로 고정한 채 한 발 한 발 걸어서 내려온다.

거돈사지 원공국사 부도비 귀부

거돈사는 신라시대에 창건되었다고 알려져 있다. 이 또한 임진왜란 때 폐사가 된 것이라 추정을 한다. 승병을 일으켜 활약한 뒤에 오는 보복을 피해 갈 수 없었던 모양이다. 무능한 나라님 탓에 온전하지 못한 것이 비단 사람뿐일까? 이런저런 생각에 잠기며 삼층석탑을 향해 걸었다. 해는 산 위에 걸려 있고, 넘어가는 해를 앞으로 하고 석탑은 미동도 없다. 그늘진 곳에는 아직 녹지 않은 겨울의 잔재들이 덮여 있고, 고개를 들어 이리저리 눈길을 주니 빛을 받은 면과 그늘진 면과의 단절된 깨끗함이 파란 하늘과 함께 이리도 정겨

거돈사지 삼층석탑

울 수 있을까 싶다. 저렇게 깨끗한 하늘도 내게는 하나의 유적이요, 사랑의 대상이 되는 까닭이다. 석탑의 면, 하얗게 빛을 받은 부분의 질감은 어쩌면 맑은 크리스털 같고, 지붕돌의 끝만 살짝 들어 올린 각진 반전 또한 깔끔하며 날렵한 인상을 주지만 정절을 지켜가듯 최소한의 자존심을 부린 듯하다. 별도의 문양도 기교 부린 흔적 없이 단아하고 청초해 보이기도 하니 나 같은 중생에게는 더욱 정겹게 보일 수밖에 없는 것을.

원공국사 탑비가 있는 곳으로 발길을 옮겨 가며 자꾸만 뒤를 돌아보게 된다. 여전히 정겨운 석탑은 주위의 너른 절터와 함께 빼어난 아름다움을 자랑하고 서 있다. 과연 내가 옛 폐사지와 함께 자연스레 녹

원공국사 승묘탑, 국립중앙박물관 소장

아들 수 있을까? 하나의 티끌이 되는 것은 아닐까? 석탑이 나를 보는 것 같아 갑자기 부끄러워진다.

원공국사 승묘탑비, 거돈사에서 입적한 원공국사 탑비는 승묘탑이 있던 자리와 멀리 떨어져 있다. 훗날 무슨 사연이 있어 누군가에 의해 이곳으로 옮겨 왔을 테지만 너른 절터를 감안한다면 그 옛날 절터의 영역을 표시하는 것 같아 어색하지 않다. 문화재는 한곳에 모아 두면 관리하기 편하다? 이곳에 이 아름다운 부도비가 부도와 나란히 있다면 한층 더 고즈넉한 아름다움을 주었겠지만 일제강점기 때 서울의 일본인 집에 있었다 하니 어찌 지금인들 파괴범들의 손길을 과연 피해갈 수 있을까? 앞으로 천년을 더 이어 갈 문화재라면 후세를 위해 그리 한곳에 모아 놓고 관리하는 방식도 그리 비판만하기보다 이해의 폭을 넓게 구하는 것이 나을 성싶다.

원공국사 승묘탑비는 거친 세월을 거치며 1000년 가까이 흘러온 석재미술품이라고 보기엔 매우 깔끔하고 보존 상태도 양호하다. 지금까지 봐 온 깨고 피폐해진 미술품과 비교했을 때 안타까운 심정이 없어 그 감동은 여전하다. 무거운 듯 목을 한껏 움츠리고 있는 귀부 용머리에 가지런한 윗 이빨을 훌러덩 내보이고, 조각 섬세한 부분 하나하나가 정교하다. 목은 주름이 도안된 듯 잡혀 있으며, 갑옷 같은 두꺼운 거북

등에는 정육각형의 틀 속에 임금 왕王자와 연꽃무늬와 만卍자가 교대로 새겨져 있다. 참으로 정교하고 아름답고 특이한 모습이다. 돌조각이 아니라 마치 현대인들이 무엇으로 찍어 낸 듯 깔끔한 인상을 준다. 등껍질에 눌려 삐져 나온 발가락 모양에도 주름이 잡혀 있고, 머리 양옆으로는 물고기 지느러미처럼 생긴 귀 모양이 이채롭다. 가히 그 옛날 장인의 솜씨에 절로 고개가 숙여진다.

얇은 비신에 비해 상륜부인 무거운 이수에는 두 마리의 용이 구름 위에서 서로 하나의 여의주를 가운데 두고 다투는 모습이 사실적으로 양각되어 있다. 이수와 비문 그리고 귀부를 하나하나 분리시켜 보아도 모자람 없이 각각의 독립된 예술품으로 손색이 없다.

그 순간, 바람도 숨죽이던 조용한 절터에 두런두런 인적 소리가 들려온다. 스님 한 분과 청초한 여성 한 분이 황량한 빈터로 들어선다. 아무것도 담겨 있지 않아 늘 비어 있는 내 모습보다 넘어가는 해를 앞으로 하고 탑을 향해 휘적휘적 걸어가는 모습이 아름답다.

이때를 같이하여 잠자고 있던 시골 버스가 부룽부룽 거친 소리를 내며 시동을 걸고 있다. 꿈길에 잠긴 나를 깨우는 소리였다.

망해사지

울산광역시 울주군 청량면 율리

처용설화가 깃든 절집

《삼국유사》〈처용가〉는 무척 흥미로운 내용을 담고 있다. 물론 처용이 실제 인물인지 알 수가 없으나 동해 바다 용의 일곱 아들 중 하나라는 설화를 제외하고는 사료들과 지명과 이름들로 미루어 볼 때 어느 정도 사실에 가까웠던 인물이란 것은 의심할 여지가 없다. 그렇다면 과연 처용은 누구인가? 처용에 관한 논문은 국문학도·학자들에 의해 수없이 많이 나왔다. 그만큼 해결되지 못한 의문이 남아 있다는 뜻일 터. 그 설들은 대략 이렇다.

　첫 번째는 처용이 아라비아인이었다는 설이다. 당시 아라비아는 서역에서 중국과 교류가 활발했으며 신라 또한 실크로드의 종착지였다. 또한 경주 괘릉의 아라비아인 모습을 한 무인석상이나 신라에선 멀리까지 무역이 성행했었다는 사실로 보아 이해가 가는 대목이다. 그리고 당시 당나라에서는 황소의 난이 일어난다. 중국에 와 있던 서역 무역상들이 이 난을 피해 떠다니다 처용암에 난파된 것으로 추측할 수도 있다.

　두 번째는 민속학자들이 말하는 처용이 무당이었다는 설이다. 바닷가에 용왕제를 지내던 무당이 헌강왕의 눈에 들어 서라벌로 따라온 것으로 추정할 수도 있다. 그리고 처용의 아내가 딴 놈과 교잡한 것이 아니라 역병, 즉 전염병에 걸렸을 확률이다. 그리고 처용이 아픈 아내를 위해 마당에서 노래 부르고 춤춘 것은 바로 아내의 병을 고치기 위해 푸닥거리를 했다고 볼 수 있다. 이 때문인지 몰라도 처용의 아내는 말끔하게 병이 나았다. 그래서 이후 처용은 용한 무당, 즉 역신疫神을 물리치는 신의 반열인 부적으로 그려지게 되었다.

세 번째로 처용이 지방 호족의 아들이었을 가능성이다. 당시 경주에는 한 집 건너 밤새 불이 켜질 정도로 홍등가를 방불케 했다니 이는 신라 말 기울어가는 국운과 점점 세력을 넓혀 가는 지방 호족에 불안을 느낀 헌강왕의 정책이었을 것이다. 그리하여 지방 호족인 처용에게 예쁜 아내와 급간이라는 벼슬까지 안겨 주며 볼모로 잡아 두고 있던 것이다.

일곱 용이 뜻하는 바가 무엇인지 의문이고, 어느 것이 진실인지 알 수는 없는 노릇이이지만 상상의 자유를 마음껏 펼치고 스스로 답을 내려 보는 것도 답사의 재미가 아닌가. 이런저런 생각으로 망해사지를 들렀다. 신라 49대 헌강왕이 개운포에 뱃놀이 갔다가 돌아오는 길에 구름과 함께 안개가 껴 돌아갈 수 없게 되었을 때 일관에게 물었다. 일관은 동해의 용왕이 노하여 그런 것이니 용을 달래기 위해 좋은 일을 행하여 노여움을 풀도록 하는 것이 좋겠다고 했다. 그리하여 용을 위해 절을 세우도록 영을 내리니 구름과 안개가 걷히고 날씨가 개운해졌다. 그래서 울산에 개운포라는 지명이 생겨났다. 동해의 용은 크게 기뻐 일곱의 아들과 함께 춤을 추었는데, 그 일곱 번째 아들 처용이 왕을 따라 서라벌로 와 예쁜 아내를 얻고 벼슬을 하며 정사를 도왔다. 바로 그때 지은 절이 이곳 망해사다.

부도 상대석

망해사지 부도

부도 하대석

지금 새롭게 지어진 태고종 망해사란 작은 절집 마당을 거치지 않고 곧바로 문수산 기슭에서 내려와 무거운 돌로 지탱하고 멀리 울산 앞바다를 향해 바라보고 서 있는 부도를 본다. 몸집이 뚱뚱한 쌍둥이 같은 부도 두 기가 저무는 오후의 햇살을 받으며 더 이상 갈 곳이 없다는 듯 맥을 짚고선 여기 서 있다. 맥이란 혈이 통하는 곳이 모인 곳이니 그 흐름을 쉬이 빠지는 곳에는 막아서고 흐름이 원활하지 않은 곳에는 통하게 하여 자연스레 그 속에 녹아드는 것이다.

어느 고승의 부도였는지 알 길이 없으나 그 크기와 몸집을 봤을 때 당대의 고승이었거나 이름을 떨친 스님의 부도가 분명하기도 하다만 흔적이 없어 무료하다. 두 기 모두 같은 크기와 같은 모습을 하고 있으며, 높이가 3미터는 족히 넘어 보이지만 상륜부의 부재가 남아 있지 않아 전체적으로 둔한 모습이다. 상륜부에 웅장한 부재들이 남아 있다면 지금의 모습보다 덜 답답했을 것이라는 상상을 해 본다. 전체 색상이 지붕돌이나 하대석을 제외하고는 풍화의 흔적 없이 깨끗한 대리석 같은 질감을 주기에 충분하다. 지붕돌이 옆으로 넓어 1000년 넘게 빗물이 몸돌이나 중대석에 닿는 것을 막아주었기에 가능한 것이 아닌가도 생각된다.

또한 돌의 특이한 재질과 돋을새김을 한 양감이 그리 크지 않아 깨질 부분에 힘이 덜 간 덕택이라는 생각과 함께 세월의 흔적인 돌이끼 없이 깨끗하며 부드러운 것도 이 때문이 아닌가 생각해 본다. 잔잔한 모습이지만 한편으론 식탐에 몸집은 비대하고 편식과 운동 부족과 영양 불균형에서 오는 연약한 영양실조에 방치된 모습이 자꾸만 생각난다.

지붕돌의 얇은 처마가 가냘프지만 경쾌한 낙수면과 아랫부분에 홈을 파 놓아 흐르던 빗물이 고여 떨어지게 했으며, 또 한 번 흐르는 빗물이 처마 부분에 다시금 고이게 해 떨어뜨리니 몸돌이나 중대석으로 스며들지 않게 하기 위한 세심한 배려가 눈에 띈다. 이것으로 이토록 오랜 세월을 견뎌 왔다는 생각과 낮은 운동감이 천년의 세월을 뛰어넘어 견디는 데 힘이 되었을 것이라 감히 생각하며 스스로 위안을 해 본다.

지붕돌 아랫부분에 둥근 형태의 부드러운 곡선은 겹처마가 되는 곳이니 두루뭉술 단순화된 대칭과 정확한 디자인에 의해 만들어진 모습이다. 미술로 치자면 자유의 기가 차고 넘치는 화화가 아니라 도식화되고 잘 디자인된 상품이나 상업미술의 취향에 걸맞다는 생각이다.

그늘에 앉아 부도가 바라보는 먼 바다를 조망한다. 멀리 우뚝 솟은 굴뚝들이 바다를 막고 있다. 나는 과거와 현재, 그 두 시간의 가운데 서서 어느 곳에도 동화되지 못한 이방인이 되고 있다. 누구는 경계인이라 하더라만, 그는 역할이 세상을 시끄럽게 할 정도로 지대하지만 이방인은 무심히 바라보는 방관자의 눈길을 애써 피할 줄 모른다. 그래서 외로움을 참지 못하고 서성이는 것이다. 이방인인 나는 언제 자유로이 춤추며 노래할 수 있을까? 그러니 어쩌면 나는 영원한 마이너리티며, 유랑민일 수밖에 없을 것이다.

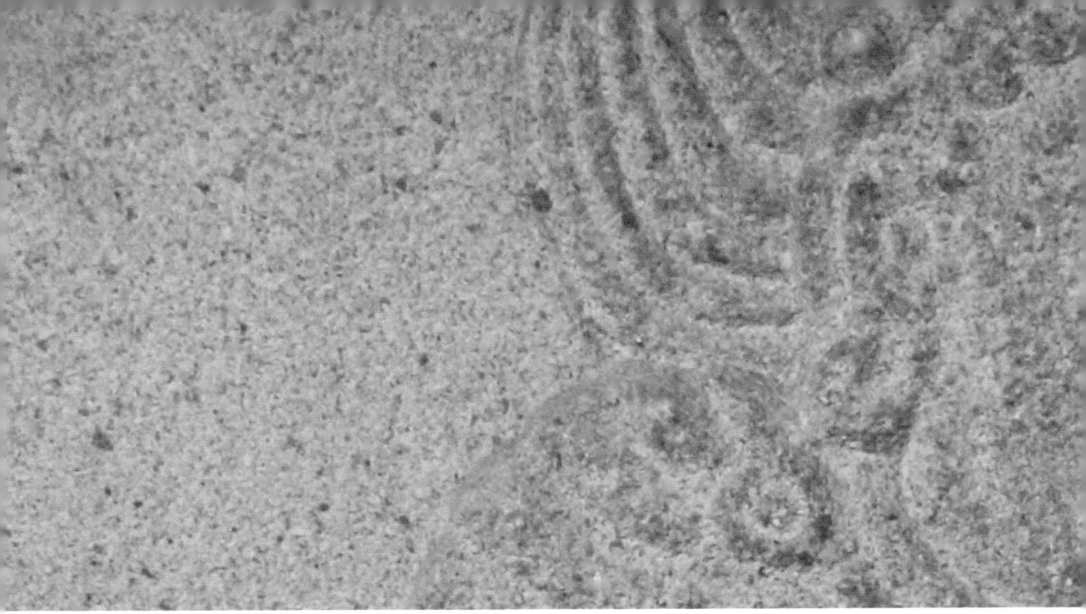

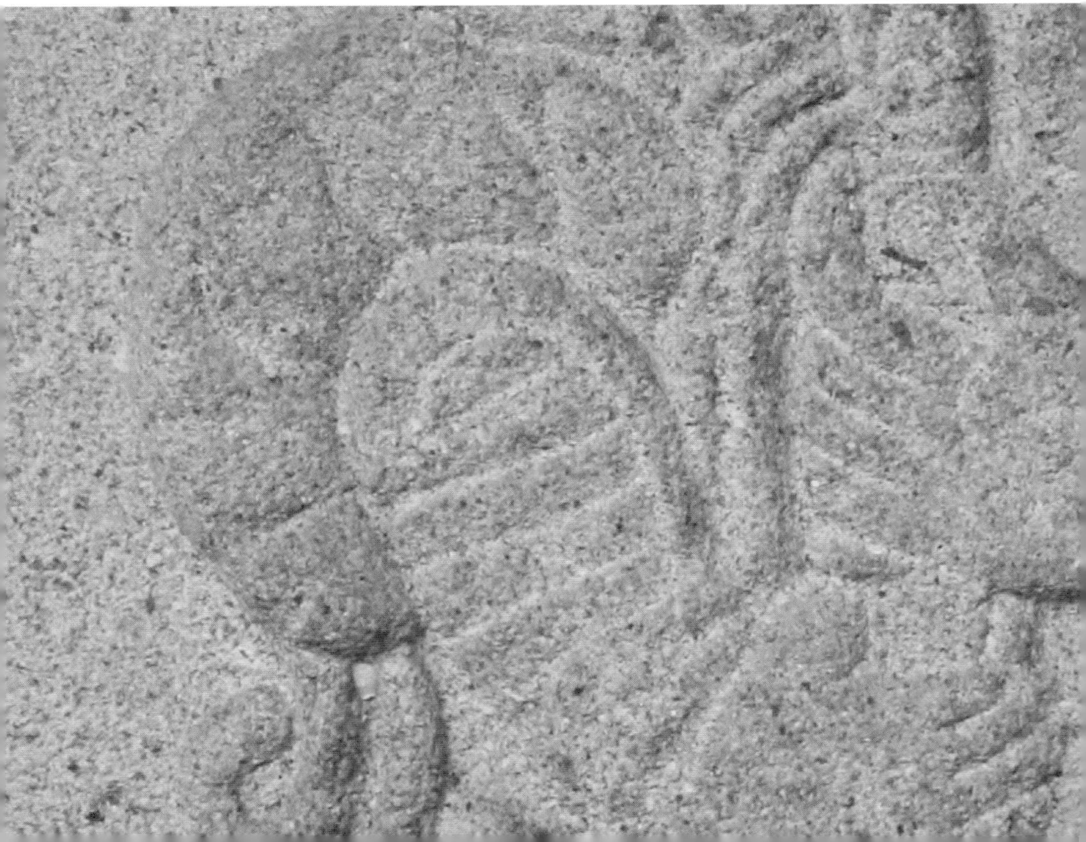

석탑

청도 장연사지 삼층석탑

선산 죽장동 오층석탑

영양 봉감모전오층석탑

강진 월남사지 삼층석탑

창녕 술정리 삼층석탑

구미 낙산동 삼층석탑

정읍 은선리 삼층석탑

예천 개심사지 오층석탑

익산 왕궁리 오층석탑

칠곡 송림사 오층전탑

장연사지 삼층석탑

경상북도 청도군 매전면 장연리

참 쓸쓸한 매력

빵모자까지 덮어쓰고 새롭게 구한 낯선 배낭을 지고 길을 나섰다. 겨울치고는 맑은 햇살이지만 매서운 바람이 불어왔다. 청도 봉기동 석탑을 찾아보고, 매전면에서 김해 방향으로 길을 접어 매전초등학교 맑은 천을 건너 꼬불꼬불 장수골 시골길을 달린다. 그렇지만 석탑은 쉬이 길을 내주지 않는다. 몇 번을 돌고 돌아 절망하다 잠시 여유를 가지기 위해 자그마한 실개천 다리 위에 서서 한숨을 내쉰다. 그때 고개를 들어 우연히 바라본 그곳에는 앙상한 감나무 가지들과 어우러진 석탑 두 기가 조용히 숨은 듯 모습을 드러내고 있었다. 추수가 끝나고 나뭇잎도 다 떨어진 후, 앙상한 마른 가지들의 합창에 남은 희망을 품듯 야트막한 뒷산을 배경으로 하고, 그리 크지 않은 공간에 네가 나무인지 내가 석탑인지 서로가 어우러져 알 수 없는 참 쓸쓸한 매력을 연출하고 있었다.

그 옛날 어느 누가 세운 장연사라는 절터다. 지금은 그 내력을 알 수 없지만 매전초등학교에 있는 부러진 석불이나 두 기의 신라 석탑 그리고 당간지주로 보아선 신라시대 고찰이었음을 알 수 있다. 언제 무슨 연유로 폐사에 이르게 되었는지 안타까운 마음이지만, 그 많은 전란이

장연사지 삼층석탑

나 화마를 피해 갈 수 없었던 모양이다. 한적한 감나무밭 속에 숨은 듯 다정히 놓여 있는 석탑을 바라보노라면 세상의 시름을 털어놓고 처연한 가슴으로 석탑은 다가온다. 주위의 풍경과 어울려 봄 여름 가을 겨울 어느 계절에도 함께 변화하는 모습은 아름답다. 밭이 석탑이 되고, 석탑이 산이 되고 감나무가 되고 또 올려다보는 하늘이 된다. 두 기의 쌍둥이 석탑은 무심한 듯 서 있지만 세상의 모든 사연을 품고 있듯 고즈넉이 미동도 없다. 석탑의 색상은 주변 공간이 주는 느낌의 색과 다르지 않으며, 땅이 반사되는 색상과 또 다르지 않으며, 내 마음의 흐린 색과 똑같다는 느낌이 드니 먼 길 수고한 이방인의 가슴은 알 수 없는 감동으로 전율을 느낀다.

문득 한적하게 앉아 이젤을 펴고 맑은 수채화 한 장 그려 내고 싶다는 해묵은 욕심에 나는 놀란다.

석탑은 통일신라 전형의 3층 석탑이다. 땅 속에 묻힌 듯 지대석 위에 이중 기단을 놓았다. 청도 봉기동 석탑과 비교하자면 기단석 가운데 탱주가 두 개에서 하나로 줄었고 몸돌을 괴는 굄돌이 각지지 않고 둥글게 두 단으로 되어 있다. 또한 지붕돌 처마의 층급받침이 다섯 개에서 네 개로 줄어든 것을 보아 9세기 석탑으로 추정된다.

    석탑 간의 간격이 당시 금당의 규모를 상상할 수 있게 하지만 정확한 근거가 없으니 더 이상의 추측은 접어 둔다. 또한 상륜부가 몽땅 사라지고 없어서 무엇엔가 잘린 듯한 모습이지만 아무런 특이함이 없어 차분한 마음이 되기도 한다. 더도 덜도 말고 단순명료한 신라 부흥기의 석탑이니 그로써 무심한 마음이며, 평범함이 뛰어난 단순한 경배의 대상으로 정화되는 것이다. 바라만 볼 게 아니라 탑 가운데 서서 나도 하나의 탑이 되어 본다. 팔을 벌려 하늘을 올려다보고 긴 숨을 들이마시고 순간을 즐긴다. 누가 훔쳐보는 이 있었다면 이상한 행위에 머쓱했을 것이지만, 고요에 묻힌 공간에 석탑만이 나를 바라보고 있다.

    석탑 앞 실개천을 건너면 깨진 당간지주가 밭둑에 서 있다. 오른쪽 기둥은 반으로 잘려 나갔으나 왼편의 기둥은 그런대로 온전한 모습을 가지고 있다. 그런데 특이한 양식은 당간지주 윗부분이 조선시대 반닫이에나 쓰였음직한 거멀쇠 문양이 양각과 음각으로 조화롭게 되어 있다는 것이다. 거멀쇠란 문갑이나 가구에 견고함을 주기 위해 쇠붙이를 다듬어 덮어씌워 마무리하는 장식을 말한다. 그렇다면 신라시대부터 이 문양이 이용되었으며 유행되었다고 볼 수 있을 것인지, 아니면 이후 조선시대 때 새롭게 조성해 놓은 것인지 모를 일이다. 그러나 자꾸만 전자에 무게를 싣고 싶은 심정이지만, 다른 곳에서는 이런 양식을 발견

장연사지 당간지주

거열씨 모양을 한 당간지주 윗 부분

할 수 없으니 자유로운 상상도 도가 지나치면 억척이 되고 만다. 그냥 가만히 옛날을 거슬러 올라 석공이 다듬어 가는 불심의 상상이 즐거운 답사의 묘미 중 하나가 아닐까 생각한다.

    느린 발걸음을 옮기면서 다시 한 번 언덕 위에 감나무 가지들과 화음을 이루는 모습을 보며 마음속 합장을 한다. 그리고 회색으로 범벅이 된 맑은 수채화가 시나브로 가슴에 스며들고 있다. 나는 영원토록 이 순간을 기억할 것이며, 각박한 일들이 닥칠 때마다 이 그림을 기억해 내며 순하게 살기 위해 노력을 다할 것이다.

죽장동 오층석탑

경상북도 구미시 선산읍 죽장리

햇살 머금은 아름다움

추풍령을 남으로 넘으면 끝자락쯤 마지막 힘을 모은 듯 금오산이 우뚝 솟아 있다. 답사를 가기 전 꼭 찾아보는 것이 지도며, 꼭 읽어 보는 책이 이중환의 《택리지》다. 산세의 흐름이나 지류, 물길, 인물이나 풍수 등등 참고할 자료가 많기 때문이지만, 답사지에 서면 지형을 살펴보게 되는 고마운 자료가 되기 때문이다. 물론 현재의 시각으로 보자면 조금은 편견된 시각을 가지고 있지만 그렇다고 무시할 것도 그리 없는 것이 《택리지》다.

딱 하나만 인용하자면, '조선의 인재 중 반은 영남에 있으며, 그중에 반은 선산에 있다.' 이 말은 고려 말 포은 정몽주, 목은 이색과 함께 고려삼은三隱이라 불리는 야은 길재가 이 고장 사람이며, 그의 제자가 강호 김숙자며, 김숙자의 아들이 바로 점필재 김종직인 데서 유래한다. 이후 현풍의 한훤당 김굉필, 조광조로 사림문화의 계보가 정착된 곳이기도 하니 그 말이 틀리지 않음을 알 수 있다. 더욱이 세조 때 단종 복위를 꿈꾸다 죽음으로 항거한 사육신 하위지 또한 이곳 사람이니 그 의미를 새겨봄직 하다. 선산 지역을 답사하는 것은 이처럼 이야깃거리가

죽장동 오층석탑

넘쳐나 마음이 바쁘다.

지금은 서황사로 불리고 있지만 몇 해 전 찾았을 때만 해도 법륜사였다. 그러나 그 옛날 이곳은 죽장사라는 사찰이 있었다고 전한다. 고운 단청으로 칠이 된 지금의 서황사에는 참 멋진 보배가 하나 있다. 국보 130호 죽장동 오층석탑이다. 높이 10여 미터로 우리나라 오층석탑 중에서 가장 크다.

7년 전 흐린 날 처음 보았던 그때의 석탑은 간간이 떨어지는 빗물 때문인지 스스로 빛을 발하고, 사람의 살결같이 부드러운 색상과 손으로 누르면 통통 튕길 것 같은 질감과 웅장하지만 매끄러운 살결, 누가 가져다 놓았는지 감실 속에 포근히 앉아 있던 불상과 어울려 아름다운

석탑 177

공간을 연출하고 있었다. 한참을 올려다보고 돌아서 보고, 목을 길게 빼내어 보며 감탄을 한 기억 때문에 가는 발길도 설렌다.

햇살이 쨍하게 내리쬔다. 가는 길에 도로 포장이 한창이라 그 흔한 표지판 하나 없어 옛날 기억을 더듬어 오른 그곳에는 여전히 그때의 석탑이 반겨 주고 있었다. 그러나 그때와 느낌이 사뭇 달랐다. 봄날의 햇살과 달리 가을의 햇살은 붉은빛을 머금고, 그 빛에 딱 어울리는 석탑의 색상이 햇살과 하나 되어 있다. 웅장하게 서 있는 당당한 석탑, 전처럼 자가발전하듯 스스로 빛을 내는 것이 아니었다. 화강석의 색상이 그랬을 뿐이며, 매끄러움은 여전하나 딱딱한 돌이 도리어 태양빛을 흡수하고 있는 듯 빛을 머금은 듯하다. 오랜 세월에 탈색되어 가는 돌이 생명을 머금어 가는 과정이라 홀로만의 상상이 즐겁다. 흐린 날엔 스스로 빛을 발하며, 밝은 날에는 빛을 머금어 살아 숨 쉬는 자연의 생명 줄과도 같은 것이었다.

1층 몸돌 감실 속에는 황금빛 불상이 고개를 숙이며 들어 있다. 침묵할 수밖에 없는 공간 연출이며, 상상만 하던 경외의 대상을 확인하고 있으니 절로 고개를 숙이고 합장을 하게 된다. 순한 감성을 만들어 주는 시간이며, 스스로 다독여 가는 생명의 시간이며, 각박한 세상에 밝은 빛을 연결하며 비추는 공간이다. 또한 1000년을 훌쩍 뛰어넘어 온 석탑이 교훈이 되는 순간이다.

천 몇백 년 동안 무슨 일이 있었을까? 이 세상 상처 없이 살아가는 사람이 어디 사람인가. 이 석탑 또한 세월의 무게를 어느 정도 감내하고 지나왔음을 부분에 떨어져 나간 흔적들이 말해 주고 있다. 자세히 보면 신라 전형의 원조 석탑격인 의성 탑리 석탑 모습을 어느 정도 닮아 있다. 그 이후에 나온 탑이다 싶지만 어느 것이 먼저인지 알 수는 없는 노릇이니 하나하나 뜯어서 본다.

넓은 지대석 위에 두 개의 기단을 올리고 그 위에 5단의 몸돌과 지붕돌을 얹었다. 상륜부에는 노반만 남아 있어 그 위의 것은 상상만 한다. 복발·보개·보주·찰주 등 상상을 하면 더욱 아름다워지고, 마음만큼 하늘 높이 올려다보게 된다. 여러 개의 돌로 짜 맞춘 기단석 하대석과 그 위를 덮는 덮개석 낙수면의 각이 기울고, 두터운 층급받침 두 단을 올렸다. 그 위 사방으로 상대석이 건물의 기둥처럼 세 개의 버팀기둥 탱주撑柱*를 박아 넣고, 모서리에는 각진 기둥인 우주隅柱를 만들었다. 여느 석탑처럼 돋을새김한 것이 아니라 같은 높이로 끼워 넣었으며 면석과 기둥석의 색상만을 달리하니 마당, 봉당, 대청, 그 위에 작은 계단을 놓고 네 칸의 집을 완성해 놓았다. 그 위 1층의 몸돌이 단정하며, 정면 가운데 감실을 만들어 놓았다. 감실 입구에 문을 달았던 흔적으로 보아 이 절집의 주인공이 역할을 톡톡히 했음을 알 수 있다.

이 탑이 더욱 특이하고 아름다울 수밖에 없는 이유는 지붕돌에 있다. 지붕돌 층급받침이 1층 여섯 단에서 올라갈수록 하나씩 줄어 4층과 5층의 지붕돌 층급받침은 세 단으로 되어 있다. 또한 지붕돌 윗면의 낙수면도 이와 같은 수의 계단으로 되어 있어 신라 전형의 지붕돌 모서리가 살짝 들리는 반전은 전혀 없다. 가로의 직선으로 마감을 하여 더욱 안정되고 단정한 모습이 잔잔한 감흥을 준다. 그러나 가까이 가기엔 대

---

* 탑의 모서리 기둥은 우주라 하고, 가운데 버팀기둥을 탱주라고 한다. 건물에서는 가운데 기둥을 평주라고 한다.

단한 자존심을 간직한 채 형형한 기상을 엿볼 수 있으니 우러러보는 마음이야 어디에 견줄 수 있을까 싶다.

큰 돌과 작은 돌을 조각처럼 끼워 맞췄다. 당연히 전탑은 아니고, 그렇다고 벽돌처럼 돌을 다듬어 만들지도 않았으니 모전석탑도 아니고, 그렇다고 석탑으로만 구분하기에도 아쉬움이 많다. 내 생각이 틀리지 않았다면 모전석탑과 석탑의 중간 형태다. 경주 바닷길 감은사지 석탑보다 조금 앞선 탑의 형태로 볼 수도 있고, 의성 탑리 오층석탑보다 조금 늦은 석탑일 수 있다. 감은사지 석탑 이후 금당 하나 쌍탑이 시작되었으며, 신라 석탑의 정형화를 이루었다. 안내문에는 통일신라 탑이라고 적어 놓았다. 알 수 없는 노릇이지만 또 그 내용을 부정할 단서도 없으니 나의 바람으로만 상상하며 접어놓는다. 다만 석탑의 위치나 크기로 보아 대단한 사찰이 있었을 것이라는 상상을 하며 큰숨을 들이마시고 하늘을 본다.

불교가 화려하게 꽃을 피우던 당시에 어느 누가 간절한 바람이 있어 이곳에 아름답고 웅장하고, 목탑의 양식을 빌어 화강석으로 힘 있는 석탑을 만들어 놓았을 것이다. 그리고 이토록 하염없이 기다리다 천년의 세월이 흐르고 나를 만나게 되었다. 기다림이란 더 많은 것을 견디게 했던 집념이었을까? 사랑은 기다림 속에서 오는 것이라고, 세월의 시달림과 인간들에 의해 일어났던 수많은 전란 속에서 생겨난 생채기를 훈장처럼 간직한 채 지금 우리에게 이토록 아름다운 시간을 만들어 주는 사연인지도 모른다. 또 그렇게 세월이 흘러 수많은 이야기를 담고, 늘 그 자리에서 우리의 후손들을 위한 인고의 세월을 지탱하며 숨 쉬고 있을 것이다. 우리가 지혜를 모아 간다면 말이다.

봉감모전오층석탑

경상북도 영양군 입암면 산해동

오랜 세월 우수 어린 고독

　부산에 사는 아우님의 닦달도 있었지만 기실 나만의 가을 유혹을 뿌리치지 못해. 아우님 핑계 삼아 벗이 귀농해 사는 영양으로 달려갔다. 가는 내내 가로수 은행나무는 노란 축제의 향연을 펼치고, 산은 온통 울긋불긋 불타는 만추의 색으로 덮여 있었다. 그리고 벗과의 반가운 해후와 저녁의 행복한 시간들이 지났다.

　그리고 오지의 날이 밝았다. 좋은 벗과 밤새껏 마신 술이라도 맑은 공기와 좋은 대화, 그 속에 묻어 있는 배움의 감동까지 받고 보니 숙취의 생명은 그리 길지가 않다. 아침 성찬으로 뱃속을 가득 채우고, 늘 다구茶具를 가지고 다니는 아우님의 수고로 감치는 차 한 잔에 입속까지 달랜다. 며칠째 술과 여행으로 지친 벗이 타향 생활에 지친 모습에도 내게 길잡이가 되어 주겠노라 선뜻 나서는데 얼마나 미안한지, 벗의 진지한 삶을 보며 나를 되돌아본다.

　밤의 활기찬 대화도 아침 햇살에 녹아 버리고 모두들 제 갈 길로 향한다. 처음부터 동행했던 아우님은 나와 헤어져 청송에 사과 따러, 어떤 분은 오지 농사 현장으로, 나는 벗에게 죄지은 마음을 싣고 영양에 산재해 있는 우리 옛 님들의 숨결을 찾아서.

하늘은 높고 바람은 맑다. 가을걷이를 끝낸 논엔 햇살만 비추고, 멀리 낮은 지붕들이 빛을 받아 눈부시다. 가슴은 뛰는데 느낄 여유도 없이 가을의 색상, 만추晚秋의 풍경들이 휙휙 지나가 버리고, 학창 시절 이젤 펴놓고 가을을 담던 그 시절이 떠오르며 그때의 악동들이 그리워진다. 한 장면 한 장면이 아까운데 멀미 날 정도로 차를 몰아붙이니 내 잔소리에 그냥 씩 웃어 버리고 엉뚱한 소리만 하면서 갈 길만 간다.

산비탈 겨우 난 길로 들어서니 넓은 논밭 끝에 우뚝 선 석탑 하나가 반긴다. 차 앞 유리 넘어 투시된 그 모양새에 눈을 떼지 못하고 얼어붙듯 몸을 뻣뻣이 차에서 내리게 되는 경지(?)를 맛보게 되는데, 서 있는 품새가 당당해 경의의 시선으로 바라보게 되는 것이 바로 봉감동 모전 오층석탑이다. 그 석탑 옆으로는 각각의 지세에서 흘러온 물줄기들이 합쳐져 하나의 내를 이루고 있다. 입암에서 흘러온 반변천 넘어 인고의 세월을 견딘 퇴적암의 지층들이 겹겹이 토막 나 세월만큼 나누어 올려져 있고, 그 위로 색색의 물든 단풍들이 서산의 지는 해를 역광으로 받아 파스텔 색조를 띤 빛이 굴절되어 우뚝 솟아 있는 탑과 함께 한층 분위기를 돋운다. 지금까지 이렇게 웅장하면서도 주위 환경과 딱 맞아 떨어지는 석탑을 본 적이 있었던가. 육중한 조형미를 뽐내며 힘차게 또는 당당하게 주위 퇴적암의 기암과 퇴적암의 탑이 갈색도 아닌 것이 짙은 청색도 아닌 것이 한 몸이 되어 있다. 또한 보는 방향에 따라 그때그때 색다른 분위기를 연출하고 있다. 입도 벌리지 못한 채 넋을 잃고 바라보다 벗이 촬영하는 모습을 보고서야 카메라 앵글 속의 또 다른 감동을 맛본다.

봉감모전오층석탑, ⓒ정종훈

    어릴 적 동무들과 열심히 놀다 보면 배고픔도 잊고 해가 서산에 걸려 뉘엿뉘엿 넘어갈 즈음에서야 정신을 차린다. 그러나 배고픔보다는 막연한 그리움이 있어 서둘러 벗어 놓은 신발 찾아 기다리는 품으로 찾아드는 계절의 시간 속에 서 있는 듯하다. 그렇게 탑을 올려다보고 있노라니 밀려오는 그리움에 가슴이 싸하다. 중간 탑신 사이에 앙증맞게 꽃이 피어 있다. 그 작은 먼지와 한주먹도 안 되게 쌓여 있는 이끼 사이로 이렇게 예쁜 꽃을 피워 내다니, 그에 비하면 아무것도 피워 낼 수 없는 나란 존재는 얼마나 헛된 인생인가.

    국보 187호로 지정된 통일신라 모전석탑이라, 경주 분황사 모전석탑과 같은 방식으로 쌓아 올린 탑이다. 봉감이란 이 마을 이름을 따서

석탑 183

부르는 것이지만, 처음 맞닥뜨리는 석탑이라서 이곳에 대한 이미지를 달리 만들기도 한다. 너른 터를 고르게 해 그 위에 돌을 벽돌처럼 다듬어 만든 모전석탑模塼石塔이다. 11미터의 높이에 차곡차곡 쌓아 올라간 상승감과 1층 몸돌에 조성된 적당한 크기의 감실, 노반만 남아 있는 상륜부가 사라지지 않았다면 참 빼어난 멋을 간직한 탑이었을 것이다.

넓은 지대석 위에 이중의 화강석과 퇴적암으로 기단을 만들고, 탑에 조성된 벽돌보다 조금 크게 다듬은 돌로 두 단의 몸돌받침인 굄돌을 쌓아 그 위에 5층의 탑신과 지붕을 올렸다. 1층에는 그 속에 가로 세로 1미터의 감실이 있으며, 감실 입구에 각지고 둥근 모양의 문기둥과 이맛돌로 짠 문틀이 있다. 어느 세월에 인자하고 잘생긴 불상이 탑 속을 차지하고 앉아 오는 이의 속마음을 가벼이 해 주지는 않았을까? 사각의 모서리 부분에 구멍이 나 있는 것으로 보아 옛날에 작은 바람에도 흔들렸을 풍경風磬을 달았던 흔적으로 보인다.

2층 몸돌부터 5층까지 중간 부분에 한 줄의 턱을 두어 두 면으로 나누는 모습이다. 그 위로는 아래보다 가로 폭이 줄어 상승감을 더하게 하였으나 사실 그것이 전체 균형미를 흔드는 결과를 가져왔다고 생각된다. 1층에서 5층까지 급하게 줄어드는 느낌을 지울 수 없고, 시선을 올려가며 한번 붙들어 매는 혜안은 있으나 만약 시원하게 정상적으로 솟았다면 더 아름답지 않았을까 하는 아쉬움이 있다. 만약에 그랬다면 너비의 마감 때문에 5층으로 끝낼 수 없었을 것이며, 아마 9층의 석탑을 쌓아야 했을 것이니 과한 욕심에 피식 웃음이 난다.

고려시대 석탑들은 몸돌과 굄돌 가운데 하나의 돌을 떡판처럼 끼워 넣는 양식을 많이 보이고 있는데, 모전석탑에 있는 것은 이곳뿐으로 알고 있다. 지붕돌은 전탑의 양식을 충실하게 따라 아래 층급받침과 똑같은 수의 층으로 지붕돌 윗면, 즉 낙수면을 조성했다. 가로의 시선을 점잖게 보여 주는 선산 죽장동 석탑이나 안동 조탑동 전탑의 보편적 형태를 띠고 있다.

그렇다면 왜 이곳에 탑을 세웠을까? 그것도 11미터나 되는 웅장한 탑을. 생각이 틀리지 않다면 비보神補°의 성격으로 이해하면 될 법도 하다. 탑은 반변천이 굽이쳐 흐르는 공간에 세워졌다. 바로 땅의 지기 地氣가 물길을 따라 흐르는 것을 막기 위해 눌러놓은 것이다. 지기 즉 땅의 기운이란 뜻이며, 경북 성주의 동방사지 칠층석탑과 경주 남산의 용장사지 삼층석탑이 대표적인 지기탑이라 할 수 있는데 이와 비슷한 양상이다. 비보란 가벼운 곳은 눌러 주고, 무거운 곳은 드러내는 배와 같다. 또한 물길을 따라 들어올 수 있는 악운이나 역병들을 멈추게 하는 믿음의 상징물일 수도 있다. 민간신앙과 불교가 잘 접목된 모습을 보여 주고 있다.

이토록 완벽한 석탑에 관광 개발이랍시고 주위에 시멘트 바닥으로 덧칠해 놓을까 염려스럽다. 경상도의 오지, 영양의 오염되지 않은 공간과 하늘과 물과 사람들로 인해 더욱 밝게 빛날 수 있는 것을. 그 산천에 각각 다른 표정들로 말없이 서 있는 우리 옛 님들의 숨결을 항상 그렇게만 느낄 수 있다면 전국에서 가장 활기 없는 지자체라고 신문에 난 기사가 나중엔 뒤집어지지 않을까? 역설적이긴 하지만 "전국에서 우리 것을 가장 많이 품고 있는 제일 아름다운 곳이다!"라고.

모전석탑과 대화를 마치고 돌아서는 발길엔 늘 아쉬움이 동반된다. 도란도란 이야기를 나누다 홀로 지고지순한 사랑을 다하고 만추의 아름다움은 덤으로 얻어 가는 길에 죄지은 마음이다. 천년을 견뎌 온 마음이 처음인 양 아프다. 또 언제 만날 수 있을까. 늘 답사 뒤에 따라오는 기약 없는 아쉬움이다.

* 자연조건을 보완하고 조절하면서 이상적인 터를 조성하고자 한 일련의 풍수사상적 행위. 도와서 모자라는 것을 채워 주는, 즉 가벼운 곳은 눌러주고 무거운 곳은 들어내 주는 풍수사상. 우리나라는 이미 신라의 선승 도선 이전부터 생겨났다. 이후 도선의 비보사탑설에서 비롯되어 비보 풍수설로 발전했다. 비보사찰, 비보석탑 등이 있으며, 산과 강 등 주위 풍수지리적 관점에서 재앙을 막기 위한 행위다.

월남사지 삼층석탑
전라남도 강진군 성전면 월남리

슬픈 전설의 여인

이른 새벽부터 설쳤지만 전라도 답사길은 늘 바쁘다. 한번 걸음에 욕심을 부릴 수밖에 없을 만큼 많은 것이 산재해 있어 놓칠 수 없기 때문이다. 무위사를 돌아 월출산을 끼고 얼마를 지나자 넓은 차밭이 계곡 아래까지 펼쳐져 있다. 사진에 의해 내 머리 속에 각인된 초록의 향연과 운무의 환상적인 모습과 달리 봄을 준비하는 차밭에는 앙상한 가지 뭉치들만이 구름을 이루고 있다. 생소한 초봄의 차밭은 그렇게 내게 들어와 지난 잔영을 덮어 버렸다. 얼마를 지나자 눈앞에는 동백나무 숲에 둘러싸인 보호각 속에 탑비 하나, 그 옆으로 넓은 터를 두고 멋있게 뽑아 올린 석탑 한 기, 빼어난 월출산 자락을 당당히 뒤로 두고 멋쟁이 노신사 같은 삼층석탑이 나타난다.

원래 두 기의 석탑이 있었는데 하나는 어디 가고 혼자만 외로이 지키고 있다. 짧은 챙이 멋있는 모자를 쓴 듯 아리송한 석탑. 보는 방향에 따라 안정감이나 멋스러움에 편차가 심하지만 1층 몸돌이 훌쩍 커 날씬하며 단정한 느낌을 주는데, 안정된 긴 다리 패션을 연출하고 있다. 하나의 기단은 지대석을 깔고 그 위에 여러 개의 돌로 짜 맞춰 놓았다.

적당한 크기들을 골라 조금씩 다듬고 조각해 같은 크기와 비례로 차곡차곡 채워 넣은 느낌이다. 그 위로 훌쩍 큰 1층 몸돌을 올렸는데 지붕돌과 달리 규칙이 없는 듯 크기를 나누어 끼워 넣은 편한 맛이 있다. 주어진 석재만으로 소박하게 만들었지만 세련미가 넘친다.

지붕돌 윗면의 낙수면 또한 전탑처럼 여러 개의 돌로 다듬어 놓았다. 그러니 모전석탑으로 보는 시각도 있으나 여러 개의 판석을 끼워 만들었으니 벽돌은 아니다. 지붕의 각진 받침돌 사이에는 둥글게 다듬어 훨씬 부드러운 느낌을 주며, 멋 내지 않은 듯 멋스러운 1층 지붕돌 양 끝 모서리가 세월의 무게에 눌려 보일 듯 말 듯 살짝 들려 있다. 올려다보는 탑의 꼭대기 맛있는 양감과 상반된 선, 그 위 살짝 흐린 하늘이 한 몸을 이루는데 이것이 진정한 조화의 맛이 아닐까?

1층 몸돌 가운데 세로로 긴 홈을 두고 그 속에 잔잔한 돌들이 가지런하게 줄지어 있는 모습도 눈길을 끈다. 이렇듯 아름답게 양념을 쳐 놓으니 보는 맛이 한층 더하고, 2층과 3층 몸돌과 지붕돌이 줄어드는 체감비는 완벽한 조화를 이룬다. 그러나 내 마음을 더욱 정겹게 끄는 것은 바로 석탑의 질감이다. 특히 세월의 흔적에 이끼와 더불어 암갈색, 암녹색을 띤 석탑의 색은 오랜 세월을 전해 준다.

탑의 부재들이 여기저기 흩어져 있고, 가까이에 다른 하나의 탑이 있었다 하니 그 옛날 월남사의 규모가 조금은 상상이 된다. 정확한 사연은 알 수 없으나 1900년 초까지만 해도 무위사 스님들이 이 탑을 비단으로 감싸고 주위를 돌면서 불공을 드렸다니 나는 지금 금탑金塔을 마주하고 있는 셈이다. 그러나 이 석탑에 돌로 변해 버린 아리따운 여인의 슬픈 사연에 그 연유가 있을 법한데, 살아 있는 사람으로 생각하

월남사지 삼층석탑

며 그의 넋을 위로하는 의식은 아니었을까?

 전설에 따르면 여인은 석탑을 다듬기 위해 떠나간 남편을 오랜 세월 그리워하다 먼 길을 힘겹게 찾아왔다. 오랜만에 보는 서방님의 모습이 얼마나 반가웠을까? 그러나 몰래 바라만 볼 것이지 사랑하는 서방님을 두고 떠나지 못해 살짝 불러만 본다는 것이 그만 하늘의 노여움을 샀던 모양이다. 순간 다듬던 석탑은 부서지고, 슬프게도 부인은 돌로 변해 버리고 말았다. 또 남편이란 작자는 하늘의 노여움으로 부서진 석탑을 다시 만들기 위해 돌로 변해 버린 부인을 석탑의 재료로 사용해 이 석탑을 완성했다고 전한다. 참으로 매정한 전설이 아닐 수 없다. 무엇이 이토록 슬픈 사연을 만들어 내게 했으며, 어떤 교훈을 주기 위해

석탑

만들었을까? 우리가 안타까움과 슬픈 사연을 가슴속에 하나쯤 품고 살아가듯, 슬픔을 아름다움으로 승화시키려 애쓰는 흔적이 전설에 담겨 있을 것이다. 만약 그렇지 않다면 처음엔 이단이었던 불교가 세속의 삶보다 종교의 신성성을 강조하기 위해 우위에 서려는 의도로 만들어 낸 이야기일 것이고, 우리 연약한 민초들은 이런 이야기에 쉽게 감동하고 감화되어 믿고 따랐을 것이다.

슬픈 사연을 품고 보는 석탑은 오랜 세월에도 풍화되지 않고 검게 남아 있는 아픔의 뼈와 같다. 그러니 월남사지 석탑은 나약한 인간, 남과 다른 시린 사연을 품고 서 있는 애틋한 석탑이다.

아무도 반겨 주지 않는 발걸음을 옆으로 돌려 동백나무 그늘 속에 숨어 있는 진각국사 혜심비로 향한다. 뜨문뜨문 동백이 피어 있으며, 땅 아래 각혈해 놓은 듯 송이째 뚝뚝 떨어진 동백이 슬프다.

진각국사 혜심은 보조국사 지눌의 제자였다. 그의 깊은 공덕은 더 이상 논할 필요가 없지만 속가의 성이 최씨였다 하니 고려 무신정권 최씨와도 무관하진 않았을 것이라 생각한다.

용감무쌍하게 생긴 거북 즉 귀부 위의 비석, 고려의 대문장가 이규보가 지었다는 비문의 글들이 세파에 시달린 듯 심하게 마모되었다. 그건 그렇지만 이 월남사가 언제 이렇게 폐사가 되었는지 알 순 없고 정유재란 때 불타버렸다는 추정뿐이라니 그저 안타까울 뿐이다.

돌아오는 길에 용맹하게 생긴 거북바위 위 비석보다 월출산 자락을 밟고 서 있는 슬픈 여인의 석탑에 자꾸만 눈길이 간다. 송이째 뚝뚝 떨어져 있는 붉은 동백꽃이 슬픈 여인의 피눈물 같다. 모질고 모진 전설, 석탑에서 들려오는 슬픈 사랑 이야기에 귀를 기울인다.

술정리 삼층석탑

경상남도 창녕군 창녕읍 술정리

참 단아한 맛

눈부시게 내리쬐는 햇살이 고맙게 간지럽고, 지나치게 짙푸른 하늘이 서러운 계절 가을입니다. 떠나보낸 이 없어도 허전하고, 누가 뭐라 하지 않아도 괜스레 눈물 나는 귀밑을 스치는 한 점 바람에도 영혼이 허물어질 것만 같은, 시름시름 앓으며 여위어 가는 그런 계절인 것 같습니다. 가을은!

언젠가 벗이 내게 남긴 글이다. 문득 이 글을 읽다가 몸살을 앓는 듯, 지금 아니면 영원히 떠날 수 없을 것 같은 생각에 부랴부랴 챙겨서 달려간 곳이 창녕이다. 경남 창녕, 신라(진흥왕 555년)에 점령당하기 전까지 육가야六伽倻 가운데 하나인 비화가야가 찬란한 문화를 꽃피웠던 곳, 그것을 그대로 계승하여 새로운 불교문화로 승화시켜 화려하게 이어 왔던 곳이며, 곽재우 장군의 애국충정 호령이 들리는 충절의 고장이기도 하다.

두근두근 가슴을 진정시키며 떠나는 길에 하늘은 무진장 맑았고, 가을 햇살도, 들녘에 집채만 하게 쌓아 올린 짚단도, 가끔 하늘하늘 반기는 길섶의 코스모스도, 한 발 한 발 내딛는 발자국에도 가을이 묻어난다.

　국보 34호, 술정리 삼층석탑을 찾아가는 길엔 가는 날이 장날이라 창녕 오일장이 섰다. 시골 장날의 시끌벅적한 풍경은 넉넉한 가을의 결실과 함께 차고 넘치는데, 바라보는 시선이 정겨워 햇살에 간지럽다. 시장통 할매국수 집에서 나오는 다시 국물 냄새는 빈속을 갈등으로 몰아가기도 하는데 그렇다고 일정을 미루고 눌러앉아 있을 수 없는 힘겨움이 있다. 옛길을 더듬어 시장 중간 골목을 비집고 들어서자 무슨 일 있었냐는 듯 적막하고 한적한 시골 담들이 늘어져 있고, 그 담을 따라 몇몇 걸음 옮기자 골목 끝자락 넓은 공터에 잘생긴 석탑 하나 서 있다. 그리 크지도 않고 적당한 크기의 세련된 삼층석탑 하나. 그렇다고 왜소하기보다는 정직하고 단아한 정장을 한 듯, 절제된 직선만으로 기품 있는 신사 한 분이 맑은 하늘의 새털구름을 배경으로 가을빛을 비껴서 소리 없이 받고 있는 듯하다. 그런 빛조차 수줍은 여인인 양 안겨 들고, 이방인의 출현을 반갑게 맞아 준다.

　지붕돌 끝 부분만 살짝 들린 반전이 감춘 내면의 끼를 발산하는데, 모서리 부분엔 작은 바람에도 한참 멋을 부렸을 풍탁의 흔적이 있다. 이중 기단으로 전형적인 통일신라시대의 석탑 형식이다. 윗기단은 면석 네 개와 덮개석 네 개로 되어 있고 다만 아랫기단 덮개석이 다섯 개로 되어 있어 시선이 약간 흔들린다.

　탑신부의 몸돌과 지붕돌이 각각 하나의 돌로 구성되어 더욱 깔끔한 맛을 준다. 장중하지도 않고 위압감도 없어 하늘로 쏙 빨아들이는 듯한 **빼**어난 상승감, 살짝 들려진 지붕돌의 반전이 딱 그 자리에서 더함도

술정리 삼층석탑

덜함도 없이 정지하고 남은 공간은 마음으로 하늘까지 닿는 멋을 보게 끔 한다. 결코 가볍지 않은 깔끔한 남성의 멋, 자꾸만 뒤를 돌아보게 하는 그 마력은 가을날의 탈색과 함께 어우러져 뒷그림자를 당겨온다. 쉬이 떠날 수 없는 잔잔한 감동의 불탑이니 한참을 그렇게 바라보며 시간을 보낸다.

힘과 기교가 교차하는 불국사 석가탑을 닮았다. 장중하고 힘찬 기상의 감은사지 석탑 이후 통일을 이룩한 신라에는 석가탑이 생겨났다. 그 탑이 바로 신라탑으로 정형화되는 탑이다. 더 이상의 완성미를 갖추지 못할 완벽한 구조와 형태와 비례, 빼어난 멋과 힘, 절제와 기교가 적당히 섞여 완성되었으니 이후 신라탑의 모태가 되어 정형화된다. 그리고 신라인들은 완벽한 석탑을 만들고 다양한 모양의 이형석탑을 만들게 된

석탑 193

다. 바로 다보탑과 경주 은혜사지 13층석탑 그리고 구례 화엄사 4사자 석탑 등이다.

우리나라에 남아 있는 석탑들이 대개 그렇듯 술정리 탑의 상륜부도 사라지고 없어 아쉽기는 하지만 석가탑의 상륜부로 상상이 가능하니 완벽한 그림이 그려지고, 단아하고 깔끔한 석탑이 온전하기를 바라며 경외하는 마음이 생긴다.

단정한 모양새와 따스한 질감은 딴딴한 화강석을 어쩜 이리도 단정하게 만들어 올렸을까 하는 생각을 하게 하고 적당한 크기와 완벽한 비례가 시선을 잡아매며, 우뚝 솟은 석탑은 왜소한 나를 되돌아보게 한다. 올려다보는 시선에 까닭 없는 서러움이 묻어 있고, 꿈과 현실이 공존하는 많은 욕심은 불심을 빌려서 석탑을 애절하게 바라보게 된다. 절절한 소망을 돌덩이에 덕지덕지 붙여 놓고, 합장하고 털어낸다.

부처님은 33천天의 중심인 제석천帝釋天에 살고, 탑은 부처님 세계 즉 하늘로 가는 계단이다. 탑을 쌓는 마음은 그곳으로 가까이 가고 싶은 마음의 표현이었다. 그 때문에 정성 들여 온 힘을 다해 그것을 표현해 놓았다. 마음에 들지 않으면 무조건 다시 만드는 것이 장인들의 정신이듯, 비단 석탑만이 예외는 아닐 것이다. 인간의 마음 씀씀이는 예나 지금이나 똑같기 때문이며, 그것을 바라보는 시선조차도 그 마음이 다르지 않기 때문이다. 이 때문에 하늘에게 소망을 전하고 불심을 빌려서 그 뜻을 알고자 한다. 바로 이것이 소망의 미학이며, 미래에 대한 성숙한 자세라 여겼다. 그리하여 자신을 다듬고 그곳에 희망을 걸기 때문에 겸손하며, 또 나를 낮추는 인간성의 완성에 온 힘을 기울이게 되는 것이다.

이런 연유로 탑을 바라보며 속세에 찌든 나를 반성하지만 돌아서면 잊어버리는 미천한 인간임을 부정하지 않는다. 작은 충격에도 발끈하는 나를 자주 발견하기 때문이며, 내가 탑을 쌓을 수 있는 여력이 모자라니 마음에만 벌써 여러 개의 탑을 쌓아 놓았기 때문이다.

낙산동 삼층석탑

경상북도 구미시 해평면 낙산리

가을 타는 석탑

가장 사랑하는 탑을 꼽으라면 나는 주저 없이 경북 구미의 낙산동 삼층석탑을 꼽는다. 전국에 산재해 있는 많은 탑 중에서 하필이면 이 석탑일까? 그런 나를 나도 이해를 하지 못할 때가 있지만, 이 석탑에서 받은 첫 감동이 그만큼 컸기 때문이 아닌가 생각한다. 작은 실개천 다리를 건너는 순간 나와 딱 마주하는 석탑은 감동 그 자체였다. 주위 만추의 색상과 어우러져 약간은 퇴색되고 풍화되고 시달림을 당했지만, 딱 맞아 떨어지는 균형감, 건방진 반전도 없는 지붕돌, 황금비율로 올라가며 줄어드는 체감, 위압감 없이 적당히 편안함을 주는 크기, 논 한가운데 주위의 황금 들녘과 함께 조화롭게 서 있는 석탑이 바로 낙산동 삼층석탑이다.

이 때문에 이 석탑은 선산의 죽장동 석탑과 무던히 닮아 있지만 전혀 다른 느낌을 주기도 한다. 그렇다면 무엇이 이토록 애절한 시선으로 바라보게 만드는 것일까? 먼저 크기부터가 다르다. 죽장동 석탑은 하늘을 찌르는 모습에 나 같은 필부가 감히 범접할 수 없는 위엄이 서려 있지만 이 석탑은 내 눈에서 그리 벗어나지 않으며, 색상 또한 깔끔한 미감과 달

리 어수룩해 약간은 비어 있는 친근함으로 다가온다. 또한 죽장동 오층 석탑보다 이곳 석탑 질감이 훨씬 사랑스럽다. 날렵한 반전도 없는 단정한 지붕돌이 편안하고, 돌에 철분이 포함되었는지 세월에 녹아내리는 철화, 즉 철화분청자기에 나오는 그림의 색상을 간혹 발견할 수 있으며, 어떠한 돌에서는 회분이 묻어 있는 느낌을 지울 수 없다. 스스로 가을의 색상을 연출하고 있으니 유일하게 가을을 타는 외로운 석탑이다.

굳이 더 따지자면 죽장동 석탑과 지붕돌이 같고, 1층 몸돌의 감실이 똑같다. 그리고 기단은 경주 감은사 석탑과 모양이 같다. 이중 기단에 덮개석의 기울기가 없고, 층급받침의 비율과 가운데 두 개의 기둥 탱주 모습, 몸돌이 줄어드는 체감 비율, 특히 2층 몸돌과 3층 몸돌이 너비만 다를 뿐 높이가 같아서 아래에서 올려다보는 시각적인 현상을 염두에 둔 것까지 같은 모양새지만, 지붕돌만 죽장동 석탑과 모양을 함께한다. 그러니 감은사 석탑과 죽장동 석탑을 반반씩 섞어놓은 퓨전 석탑이라 할 수 있다. 또 재치 있게 서로의 장점만 모아 탑을 만들었으니 탑에도 벤치마킹이 적용되었다고 할 수 있다.

그러나 어느 것이 먼저인지 가늠하기만 할 뿐 단정하기는 어렵다. 이 탑의 일부(지붕돌)가 죽장동 석탑의 원조가 되고, 일부(기단부)는 통일신라 석탑의 원조가 되었을지 누가 아는가? 그러나 아래 기단과 위 기단 사이 굄돌 두 단이 모두 둥근 형태이니 그 형태로만 보아 신라 말에 세워졌다고 볼 수 있다.

죽장동 석탑과 비교해 그리 사랑받지 못하지만 한편으로 그것이 내가 이 석탑을 더욱 사랑하게 되는 까닭인지도 모른다. 크기에 상관없고, 오래되고 덜 오래된 것에 상관없이 고고하게 서 있는 석탑은 유난

낙산동 삼층석탑

히 쓸쓸해 보이는 것이 꼭 날 닮은 것 같고, 추억을 반추해내듯 정감이 넘치니 은근한 아름다움이 묻어 있다고 할 수 있다. 그것만이 아니다. 비라도 오는 날에는 인생의 끝자락에서 보이는 허무함도 있고, 세상의 끝에서 주는 절박함과 절망의 어두운 그늘도 함께 있다. 그러니 고즈넉함에서 풍기는 한 많은 사연이 한껏 묻어, 온갖 풍파 다 겪고 난 뒤에 오는 고단한 삶에서 감추어진 어머니의 정을 느끼게도 한다. 비록 사람들의 괄시 속에 기단석과 몸돌이 오만 가지 낙서투성이며, 세월의 힘을 견딜 수 없어 깎이고, 깨지고, 눈보라 비바람을 고스란히 맞고 보낸 세월에 그 억울함이야 오죽하겠냐마는 탑은 말이 없다. 간혹 탑을 사랑하는 이 찾아와 정겨운 눈으로 바라보노라면 그 속에 살아 있는 전설로 석탑은 입을 열 것이다. 얼마나 많은 사람이 여기에서 외로움을 달랬을 것이며, 고통을 이겨 내며 위안을 얻었을 것인가! 그렇게 묵묵히 견디며 천년 세월을 뛰어넘어 굳건히 서 있는 탑에 존경을 표하고, 경외감을 가지게 된다. 이 모든 조화가 진정한 아름다움이 아닐까?

이곳 석탑을 특히 사랑하는 이유는 또 있다. 나는 큰 것을 썩 좋아하지 않는다. 적당한 크기 약간은 비어 있는 듯한 친근함, 그러면서 깊은 속내를 은연중 갖추고 있는, 정이 깊은 그런 여자를 사랑하기 때문이다. 낙산동 삼층석탑은 그런 내 취향을 고루 갖추고 있다.

그렇게 한참을 놀다 돌아서는 발길에 서로의 섭섭함이 묻어 있음을 알 수 있다. 오랜 벗을 만났다가 헤어지는 것이니 그 정겨움이 내 등 뒤로 가득 차 있음을 느낀다. 미련에 고개를 돌리면 하늘과 경계를 이룬 지붕돌의 선이 또 예쁘다. 그 선은 바로 하늘과 세상을 구분하는 선이며, 나와 석탑을 구분하는 선이었다.

은선리 삼층석탑

전라북도 정읍시 영원면 은선리

단정한 키다리의 멋

전라북도 정읍은 지리적으로 전주와 광주의 중간에 위치해 있다. 호남과 서해안을 잇는 교통의 요지며, 예부터 기름지고 드넓은 동진평야를 두고 있다. 그만큼 광활하고 기름진 땅에서 소출이 많이 나오는 것은 당연지사다. 그러니 역사적으로 수탈의 중심에 서 있던 곳도 바로 정읍이었다. 조선 후기 양반사회에선 줄을 대어 이곳 관리로 부임되기를 기다릴 정도였으며, 고종 때 탐관인 조병갑처럼 다른 곳으로 옮겨 가기 싫어 세도가에게 뇌물을 쓰고 수탈을 나눈 관리도 있었으니 이곳 민초들의 서러움이야 오죽했으랴. 어딜 가나 붉은 황토밭이 넓게 펼쳐져 있으니 옛날 그 서러웠던 한恨의 색상처럼 마음 또한 그렇게 변하는 것을 느낄 수 있다.

김지하가 시 〈황톳길〉에서 붉게 내뱉은 '작은 꼬막마저 아사하는 / 길고 잔인한 여름 / 하늘도 없는 폭정의 뜨거운 여름이었다. / 끝끝내 / 조국의 모든 세월은 황톳길은 / 우리들의 희망은 / 낡은 쪽배들 햇볕에 바스라진……'이라는 시구가 떠오른다. 어쩌면 이리도 현장에 있는 것처럼 표현할 수 있을까? 시를 읽을 당시 시인에게 가졌던 시기와 존경과 질투가 기억난다.

그러는 사이 정읍이란 이정표를 반갑게 지나친다. 정읍 하면 현존하는 유일한 백제가요며, 한글로 기록되어 전하는 가요 중 가장 오래된 가요인 〈정읍사井邑詞〉가 떠오른다. 백제 여인의 애절한 마음씨가 담겨 있으며, 어쩔 수 없이 오랜 시간 돌아오지 않은 남편에 대한 의구심을 감추지 않은 시샘의 마음을 절곡하여 노래한 여인이 떠올라 내가 남편이 된 듯 미소를 짓기도 한다. 장삿길에 나선 남편을 기다리며, '달님이시여 높이높이 돋으시어 / 아, 멀리 멀리 비추어 주십시오. / 임은 시장에 가 계시옵니까? / 아, 진 곳을 디딜까 두렵습니다. / 어느 곳에나 놓으십시오. / 아, 내 임이 가는 곳에 날이 저물까 두렵습니다.' 라고 노래한다.

노래엔 여인이 외로움과 그리움, 질투의 애잔함을 해학의 아름다움으로 달래고 반전과 익살 섞인 애정으로 표현한 따스한 온기가 스며 있다. 아마 일상의 삶에 희망을 자근자근 담아 노래하던 그런 여인이었을 것이다. 그러다 갑오농민전쟁의 함성과 겹쳐지면서 스스로 사치의 허영에 정리되지 않는 자세를 가다듬게 한다.

그렇게 갑오년 농민전쟁의 역사를 찾아 하루를 보낸다. 고부관아터로 향해가던 길에 길을 약간 돌았다. 은선리 삼층석탑이 보고 싶어서였다. 농민전쟁 역사를 찾아가는 길이지만 평소 즐겨 감상하곤 하던 석탑을 그냥 지나치는 것이 아깝다는 생각에서다. 해는 점점 기울어 가는데 일정이 빡빡해 조급함이 앞서긴 하지만 애써 여유를 부려 본다. 늦으면 하루를 정읍에서 유하고 내일 김제를 돌아 전주로 향하면 될 것이라고 머릿속은 차선책으로 다독인다. 길에서 찾는 여유는 사람에게 묘한 에

운선리 석탑

너지를 안겨 준다. 이 에너지 덕분에 다음 답사지에 대한 기대가 부풀어 오르는 것일 게다.

좁은 포장길을 꼬불꼬불 지나자 왼편에 우뚝 솟은 석탑 한 기가 눈에 들어온다. 앞으로는 논밭을 두고 뒤로는 산을 머리에 이고 있다. 순간 당황스러웠다. 그렇게 많이 다녔다고 자부했건만 생전 처음 보는 모습의 석탑이었기 때문이다. 높은 터에 6미터 높이로 우뚝 솟은 석탑. 그것도 모자라는 듯 1층 몸돌을 훌쩍 늘려 놓았다. 당당하게 견장을 찬 의장대의 멋진 모습을 한 석탑 앞에서 나는 땅을 빌빌 기는 초라한 졸병이 된다. 한곳에 집중하고 눈을 떼지 못한다. 쭉쭉 하늘로 뻗은, 기막히게 섹시한 모습의 석탑이다.

그러나 가까이서 보는 모습은 아주 다른 인상이었다. 처음 잔잔하게 주는 질감의 성정, 빛바랜 석탑에 세월의 손때가 묻은 듯 황갈색의 색상, 기울어 비추는 햇살에 갈리는 양감에서 느껴지는 분위기가 이 지방 사람들의 가슴속 색상인 '한恨의 황토'가 세월에 침전된 느낌이다.

가만히 합장을 하고 탑돌이 시늉을 내며 사방을 뜯어본다. 네 장의 돌로 지대석을 깔고 그 위에 넓은 판석으로 하나의 기단을 올렸으며, 모서리 기둥 우주가 돋아 있다. 그 위에 두 개의 덮개석을 놓고 훌쩍 1층 몸돌을 올렸다. 남쪽과 북쪽으로는 한 장의 판석이며, 그 양옆으로는 세로로 좁다란 두 개의 판석으로 완성해 놓았다. 덕분에 긴 몸돌 이음에 세로줄이 하나 생겨나 시각적 직선이 멋을 낸 모습이다. 그 위에 두텁지만 잘 다듬은 사각의 지붕돌 층급받침이 하나며, 모서리 반전이 전혀 이뤄지지 않은 평면으로 지붕돌을 올렸다. 그 때문에 세로의 직선과 가로의 단정한 선이 흔들림 없는 기상을 엿볼 수 있다.

은선리 삼층석탑 윗면

또 탑 위에 낙수면이 한 단 더 있고, 같은 두께의 몸돌 받침 위에 2층 몸돌을 판석으로 짜 놓았다. 3층 또한 같은 모양새지만 상륜부에 노반과 복발이 정직하게 균형을 이루고 있으니 1층만 눈에서 지워 버리면 마치 익산 왕궁리 오층석탑 양식을 닮아 있다. 평평하고 넓은 지붕돌의 낙수면 모습이나 판석으로 짜 맞춘 형태로 보아 백제계 석탑이 분명하지만 그들의 마음씨를 담아 고려시대 후손에 의해 조성된 것이라 여겨진다.

2층 몸돌 남쪽 면에 감실을 달고 두 개의 돌로 문을 단 모습도 특이하다. 손잡이 홈이 파여 있는 것으로 보아 손잡이를 달고 그 속에 감실의 역할을 톡톡히 했을 무엇이 있었다는 생각이다.

양념처럼 찾아본 이곳에서 그동안 성난 농민들의 함성과 울분과 새로운 세상에 목말라 했던 열기들을 다소 식힐 수 있었다. 탑이 서 있는 자리 앞에 또 하나의 석탑이 된 듯 자리를 틀고 앉아 시름에 잠긴다. 해가 기울면 늘 그렇듯 집에 두고 온 붙박이들이 생각나기 때문이다.

개심사지 오층석탑

경상북도 예천군 예천읍 남본리

흉내낼 수 없는 아름다움

경북 예천은 내가 태어나고 자란 고향이다. 아련한 추억이 묻어 있는 그곳을 답사란 명목으로 찾게 되니 감회가 새롭다. 이 세상 어느 향수가 고향이 주는 향수에 대할 것이며, 세상 어느 내음이 어머니의 품속을 따라갈 것인가! 어릴 적 내 어머니 질곡의 세월이 삭아 있는 곳이며, 비록 가난했지만 마음만은 풍요로웠던 친구들과 범벅이 된 추억이 오롯이 서려 있는 곳이다. 흐린 하늘, 가는 길 내내 아련한 향수에 가슴이 젖는다. 변해 버린 풍경은 낯설지만 그때의 공기는 여전한데 내 시선은 젖어 있다. 그 덕분에 정감 어린 시선으로 바라보게 된다.

그렇게 옛 절터를 찾아간다. 개심사라는 절터에 절 흔적이라곤 달랑 고려시대 조성된 오층석탑 하나뿐이다. 넓게 펼쳐진 들판 귀퉁이 그리 크지도 작지도 않게 무심히 서 있는 잘생긴 석탑이며, 개인적으로 어릴 때부터 참 친근하게 봐 온 석탑이다. 자전거를 타고 아버지 심부름을 갈 때나 해질 무렵 넓은 들판에 참새들이 우르르 모이를 쪼던 그때도 한천 다리 건너 등하교 길에도, 늘 그 자리에 있던 석탑을 세월이 지나 건방지게 답사란 명목으로 찾는다.

개심사지 오층석탑

상부 기단 팔부신중 조각상

하부 기단 십이지신상

고려시대 석탑은 조금은 둔탁하며 과장이 심하고 얇고 두텁고 정형화되지 않아 그때마다 시대마다 조성하는 사람의 성정에 따라, 석재의 크기에 따라 다르다. 오대산 월정사 팔각석탑을 남성미를 갖춘 고려 석탑이라 표현한다면 예천 개심사지 오층석탑은 여성미가 오롯이 묻어 있는 아름다운 석탑이다. 답사도반 선배의 표현을 빌리자면 이름 하여 미스코리아 석탑이다. 통일신라를 뛰어넘어 고려인들 나름으로 믿음을 만들고, 독자적인 모습의 빼어난 석탑을 완성시켜 아무도 흉내 낼 수 없는 아름다움이 여기에 있다. 신라 정형의 석탑의 과감한 탈피에 마음껏 자유로운 발상에 신이 났을 것이며, 신라 때부터 이어온 조형의 미감을 승화시켜 독자적으로 완성된 석탑을 보여 주고 있는 것이다.

그리 크지도 않다. 잘 잡힌 균형미가 세련미를 더해 주고, 켜켜이 올라가는 층층이 시선을 따라 옮기면 하늘로 닿는 느낌이다. 이곳에 서면 석탑의 용도를 종종 잊곤 한다. 옛 추억에 시달린(?) 때문이기도 하지만 그 옛날 단순한 석재 예술품을 의미 있게 감상하는 맛이라고도 할 수 있다.

넓은 지대석 몇 개를 조합해 놓고, 위에 기단의 굄돌을 조각하고 하부 기단을 올렸다. 참 특이한 양식에 잔잔한 흥분이 일기에 충분하다. 기단 면석에 코끼리 눈의 형상인 안상眼象을 세 개씩 음각하고 그 속에 십이지신상을 양각해 놓았다. 자, 축, 인, 묘……. 하늘을 열두 방위로 나누어 북쪽에 자子 즉 쥐의 형상을 부조처럼 조각해 돌아가며 남쪽 면 가운데에는 말을 조각했으니 조금도 쉬이 넘기는 법 없이 꼼꼼하게 챙겼다. 조각 수법도 어느 장인의 손길인지 감히 흉내낼 수 없는 아름다움이 담겨 있다. 다만 후대의 기자신앙에 모두 코가 수모를 당하고 있는 것이 아쉬울 뿐이다. 그 위 갑석을 단정하게 덮고 상부 기단을 올렸다. 모서리기둥 우주를 양각하고 돌아가며 네 면 모두 두 면으로 나눠 십이지신보다 한 단계 위인 팔부신중을 조각했다. 법화경에 사천왕의 전속으로 표현되어 있는 팔부신중이다. 제석천의 주인 천天을 비롯해 용龍, 야차夜叉, 건달바乾婆, 아수라阿修羅, 긴나라緊那羅, 마후라가摩羅迦, 가루라迦樓羅 등이다.

팔부신중의 모습들은 각각의 부재들을 들거나 짚거나, 굳게 땅을 딛고서 멋진 모습으로 서 있다. 돌을 다루는 솜씨가 가히 경지에 이르렀음을 알 수 있다. 하나하나 작품을 감상하는 마음으로 보다 보면 서 있는 품세뿐 아니라 각각의 표정 또한 모두 다름을 알 수 있다. 그러나 좋은 작품은 그만큼 사람의 손길을 타게 마련이다. 온통 검은 탁본의 흔적이 묻어 있어 아쉽다. 하지만 나 또한 소유하고 싶은 욕심이 일어나니 그들과 별반 다르지 않으며, 속된 마음을 부정할 근거가 없으니 고개가 무겁다.

1층 몸돌로 시선을 옮기면 팔부신중 다음으로 당연히 동서남북 네 방위를 지키는 사천왕이 와야 하겠으나 사천왕은 없다. 그 대신 탑이 부처님 세상을 표현한다는 의미로 남쪽 정면에 문비가 가늘고 아름답게 새겨져 있다. 그 양옆으로 수문장인 금강역사 둘이 힘차게 서서 부처님 세상으로 드는 검열을 하고 있다. 사천왕은 1층 몸돌 주위를 돌아가며 더 넓은 공간에 서 있다고 상상해 보는 재미가 또 있으니, 참으로 신나는 발상이다. 그 위로 조금씩 줄어 노반과 복발까지 5층의 석탑이 되고, 몸돌을 비와 눈으로부터 보호하는 지붕돌의 비율 또한 그리 둔하지 않고 날리지도 않으며 보일 듯 말 듯 살짝 들린 반전이 석재 미술품의 완성도를 높여 준다.

　이제 전체를 감상한다. 지붕돌 모서리에 풍탁의 구멍이 있다. 각각 맑고 청아한 울림으로 풍경 소리를 상상하며, 귀를 쫑긋 세우고 작은 바람에도 흔들리는 물고기 그림도 그려 본다.

　그 옛날 이곳엔 어떤 사찰이 있었을까? 지금의 나로서는 알 수 없다. 그러나 도선 이전부터 내려온 자생 풍수의 사상에 빗대자면 예천 한천의 흐르는 물과 함께 빠져나가는 지기를 누르기 위함이거나 옆에 있는 나지막한 남산에 혹시 숨어 있을 나쁜 기운을 억누르기 위함일 수 있지만 이 또한 알 수 없다. 다만 홀로 주위와 함께 지형을 바라보며 생각할 뿐이다.

　2층 기단 덮개석 아랫면에 이 탑에 대한 명문이 새겨져 있지만 몇 번의 발길에도 발견하지 못했던 당달봉사의 시각이 참으로 부끄럽다. 다분히 미적 감상에 의존하다보니 감흥에 함몰되어 그리된 것이라 치유하지만 답사쟁이로 살았던 지난날을 어이없어 하는 까닭이다. 때문에 또 다시 찾아가는 수고에 나를 자책하곤 했다. 명문에 의하면 1010년(현종 1)에 2월에 시작하여 이듬해 사월 초팔일에 완성했다고 한다. 또한 중앙 정부에 의해서 세워진 것이 아니라 지방민들과 승려에 의해, 또한 지방호족의 재력으로 세워졌다는 것을 알 수 있는데, 당시 고려 전기 지방호족들의 힘을 확인할 수 있다. 시대적 정치상이나 사회상을 엿볼 수 있는 자료인 것이다.

　석탑의 명문처럼 널리 몸과 마음을 위하고, 부처님 은혜에 보답하며, 국가의 공덕을 바르게 하며, 일체의 만물이 고르게 퍼지기 위한 지방민들의 소망이 오롯이 담긴 작지만 소망이 덕지덕지 붙어 있는 큰 석탑이 되는 것이다. 당시를 거슬러 오르자 문득 장독대에 정화수 떠 놓고 손이 닳도록 빌어대던 어머니 얼굴이 아른거린다. 고개를 들어 흑웅산 아래 내 고향 동네를 어렴풋이 바라보니 작은 학교가 그대로다.

 어느덧 하루해가 서쪽으로 조금씩 기우는 시간이다. 어머니가 기다리듯 외로운 주모의 흔적이 남아 있는 삼강 주막을 향해 길을 잡는다. 순간 누룩으로 빚은 막걸리가 당긴다.

왕궁리 오층석탑

전라북도 익산시 왕궁면 왕궁리

포슬포슬 황토가 묻어날 것 같은

역사드라마를 포함해 구한말에 대한 역사나 당시를 되돌아 볼 때마다 가슴이 답답해져 와 애써 피하곤 했다. 역사란 잘난 구석이 있어야 하고, 신나고 통쾌한 사실이 있어야 즐겁게 접근할 수 있다고 생각했다. 아프고, 답답하고, 속상하고, 스스로가 무기력해지는 역사를 구태여 느끼고 싶지 않았을지도 모른다. 전문가 식견을 갖춘 학자도 아닌 나는 보고 싶은 것만 보고, 느끼고 싶은 것만 느끼는 저급한 문화적 사치에만 길들여져 왔다.

그러다 요즘에 와서야 이런 생각이 모자랐다는 사실을 조금씩 배워 간다. 근대사에 대한 작은 관심에서 시작해 '역사의 현장'이라는 더 넓고 깊은 배움에 가끔 한계를 느끼는 시점이기도 하지만 이왕에 시작한 거 갈 때까지 가보자는 심산이다. 누구는 답사에서 진화한 것이 역사의 현장을 찾는 것이라 하더라만, 내가 진화한다고는 생각하지 않는다. 다만 관심의 폭이 넓어진 것이라 생각한다. 내가 정식 답사라는 명목으로 처음 시작한 대상은 석탑이었다. 그러나 지금도 탑을 보면 가슴이 설레는 것은 여전하다. 언젠가 답사쟁이 아우님의 "답사는 말이지요 · 유홍

왕궁리 오층석탑

준을 벗어나야 결과에 도달할 수 있어요!"라는 말이 내 귀에 맴돈다.

내가 아껴둔 말을 제가 먼저 해버렸지만 몇 권의 책과 몇 번의 답사로 전문가인 양 사치에 거들먹거리는 나를 위한 충고가 틀림없었다. 그러나 막연하게 바라보고 빈약한 답사지도에 답답해 하던 내게 참 도움이 된 것은 사실이며, 온 국민을 문화재 사랑에 푹 빠지게 만든 그분의 공로는 충분히 인정해야 한다. 그러나 과연 나는 그를 벗어난 답사를 할 수 있을까? 여전히 의문이다. 미적美的으로만 길들여진 내가 말이다. 그렇기 때문에 답사기에 발악하듯 지식 자료를 많이 언급하는 것일지도 모르겠다.

얇은 지붕돌과 지붕돌 추녀 모서리에 살짝 들린 반전, 아래서 보면 평지와 다름없어 보이는 지붕돌 낙수면의 차분함, 급하게 줄어들지 않는 몸돌의 크기, 지붕돌 층급받침과 제일 위 지붕돌을 별개의 돌로 짜맞춘 것 등 두루두루 백제 탑의 양식을 닮아 있다. 특히 목탑의 형상을 석탑으로 본떠서 만들고 다시 석탑의 조형에 알맞게 재구성한, 즉 목조건물을 석조건물로 재구성한 부여 정림사지 석탑과 비슷하게 생겨 시기를 가늠하는 데 상당한 어려움이 있다. 이 때문에 고려시대에 정림사지 석탑을 모방한 석탑이 아닐까 하는 생각이 들기도 한다. 지붕돌의 아래 계단식 층급받침이 삼단이다. 이는 통일신라 후기의 석탑에서 유행하던 양식이니 이 또한 의문투성이의 석탑이 틀림이 없다. 전체 모습이나 목탑에서 변화된 여러 개의 석재를 이용해 만든 양식 등 백제의 유형을 많이 닮아 있다. 그런 근거로 나름대로 결론을 내리자면 백제의 땅에 백제의 후손에 의해 신라의 양식을 접목해 고려시대 초기에 만든 탑이다. 이 탑에서 고려 초기의 것으로 보이는 사리함과 사리병, 청동여래입상이 나왔다고 하니 내 추측이 틀리지 않은 것 같다.

각설하고 왕궁리는 옛날 어느 왕궁이 있었을 법한 터란 말이며, 그곳에 우뚝 솟아 있는 석탑이 왕궁리 석탑이다. 전날 때 아닌 눈이 내렸던 터라 질퍽한 땅에 하얀 운동화가 푹푹 빠진다. 그곳에는 역사적 사실을 밝히려는 발굴이 한창이라 사건 현장에 폴리스라인을 친 것처럼 통제를 해 놓았다. 이 때문에 가까이서 올려다보고, 탑돌이하고, 조목조목 뜯어보는 수고를 하지 못했다. 다만 선생님 말씀을 잘 듣는 착한 모범생마냥 한 방향에서 최대한 가까이 바라보았을 뿐이다.

하늘이 맑다. 한겨울의 투명한 하늘을 닮아서 석탑의 모습도 그림 같다. 국보 289호로 지정된 석탑은 멀리서 보면 우뚝한 느낌이지만 한 걸음 다가갈수록 가로의 지붕돌이 편안하며, 가느다란 모서리 반전에 세련미가 묻어 있다. 토단의 황토색과 석탑에서 발하는 색상이 같은 계열이라 전체 이미지가 편안하다.

　황토를 볼 때마다 우리 민족 고유의 색이요, 우리 엄마 가슴에 맺혀 있던 세월의 색이요, 더 넓게는 700년 이루지 못한 꿈, 백제의 색이라는 생각이 아련하다. 한이란 원한, 원수 등 상대방에게 원인을 돌리는 원怨과 달리, 자책하고 아우르며 자신의 가슴에 담아내는 우리 민족의 부드러운 심성이라 할 수 있다. 반짝 빛나는 유리 같은 질감의 김제 금산사 오층석탑과 다르고, 해남 대둔사 부도밭의 적잖은 세월에 묵은 석재들과도 질감이 다르니 말없이 서 있는 탑에게 시선과 마음을 빼앗겨 버린다. 손대면 포슬포슬 황토가 묻어날 것 같은 따스한 질감이다.

　우뚝 솟은 토단 위 지대석을 확인할 수 없지만 약간의 기단은 볼 수 있다. 모서리 기둥 우주 가운데 두 개의 사잇기둥 탱주가 기단과 1층 몸돌에 있다. 하나의 돌로 된 것이 아니라 여러 개의 돌을 짜 맞추듯 해 놓아 탱주와 면석이 따로 떨어져 있거나 혹은 하나의 석재로 조각해 놓아 요리조리 짜 맞추는 재미가 있다. 켜켜이 올라가며 단정한 모습이며, 상륜부 노반과 복발이 남아 있어 허전한 마음이 조금은 채워진다.

　어쨌든 왕궁리 절터는 백제 무왕의 힘이 모여 있는 곳이다. 고구려의 남하에 힘으로 맞서 백제를 지켰으며, 신라의 팽창에는 온 힘을 기울여 신라를 공격했다. 어릴 때 이름은 서동이요, 신라 선화공주를 부인으로 맞이하니 그 사랑의 노래가 지금까지 빛을 발하고 있다.

　어찌하랴, 국경을 초월한 아름다운 사랑 노래일 뿐, 이웃 일본에 문화적 지식까지 전해 준 역사와 찬란한 문화의 뒤안길에 힘없는 백성들의 희생이 강요되기도 했다. 군대를 자주 동원해야 했으며, 궁궐을 증

축하고, 사찰을 지어 불력에 의지했으며, 아울러 선화부인과 춤과 노래를 즐겨 국력이 소모되니, 결국 아들 의자왕대에 와서 백제는 660년 역사를 마감한다.

왕조가 끝나기 시작하면 삼요三妖가 나타난다고 한다. 하나는 요언妖言이요, 또 하나는 요인妖人이며, 마지막 하나는 요교妖敎다. 세상이 혼란하면 종교가 넘쳐난다. 참 종교를 빙자한 요인이 요교로 포장해 요언으로 세상을 어지럽히기 때문이다.

왕궁, 궁궐 속 절집이 절집만 이어 오다 누구의 손에 이리 변했을까마는, 승자들의 역사 속 오류가 진실이 되는 비애가 있다. 우뚝 서 있는 석탑에 진실이 묻어 있고, 소이연所以然이 담겨 있다. 그것에 이러쿵저러쿵 말이 많지만 흔들리지 않는 석탑은 처연히 허공만 바라본다. 찾아본 자료에 의하면 '왕궁리 성지'라고도 부르며 마한의 도읍지설, 백제 무왕의 천도설이나 별도설, 안승의 보덕국설, 후백제 견훤의 도읍설이 전해지는 유적이다. 또 왕건과 도선에 얽힌 개의 꼬리에 지기地氣를 누르기 위한 이야기가 있다. 후백제 견훤을 견제하기 위해 완산주가 개의 형상이라 개의 꼬리에 해당하는 이곳에 탑을 세워 눌렀다는 이야기다.

이 석탑이 완성되던 날 하늘이 흐리고 울었다고 하니, 사실 여부를 떠나 백제인들의 못다 핀 왕국의 한이 맺혀 있는 곳이다. 백제 무왕이 익산 출신이라 궁궐 속에 절집을 세우니 백제 말기까지 내려오다가 신라에 와서 사찰로 자리 잡고, 고려대에 지금의 오층석탑을 세운 것이다. 지금의 터에서 발굴된 유물에 의하면 백제와 신라, 고려의 유물까지 출토되니 세월을 거슬러 질기게 목숨을 연장하다 사라져 간 역사 현장인 셈이다.

송림사 오층전탑

경상북도 칠곡군 동명면 구덕리

아름다운 조화

밤새 내리던 눈님이 그치고 햇님이 나셨다. 그런 햇살이 반가워 길을 떠나 보지만 눈길에 멀리 떠나는 일이 두려워 고작 간 곳이 팔공산 송림사다. 허기진 배를 헐헐 참고, 아주 가깝게 있는 곳도 마다하고 멀리만 찾아다니는 불불佛拂 막심한 놈이라 소원하기도 하였거니와, 어두운 밤거리 도시의 하이에나처럼 싸돌아다니던 젊은 날의 그날들. 베고 나면 남는 것 하나 없는 청춘의 건배는 고사하고, 후회와 싸늘한 냉소만 남는 밑바닥 생활의 절정기에 생각나는 그 사찰이 송림사인 것을. 후회와 반성이 겹치며 일주문 없는 담장을 지나자 가슴 속 감춰 두었던 추억의 찌꺼기가 올라온다.

    송림사松林寺, 소나무 숲이 우거진 속에 들어선 절이다. 그래서 송림사라 부른다. 그동안의 무례와 돌봐 주신 은혜를 감사드리자면 끝없지만, 잔설이 뜨문뜨문 남아 있는 그곳은 황량한 바람만 불어오고, 가끔 지나치는 보살님의 무심한 눈설에 먹다 만 찐빵만 생각난다. 헐렁한 바지를 입은 어린아이처럼, 어쩜 출처 없는 치마저고리처럼 헐렁해 빠진 빈터. 그러나 메워 주는 상륜부가 우뚝 솟은 전탑 한 기 없었다면 얼마나 허전했을까?

　이래 뵈도 송림사는 경북 칠곡 동명, 즉 팔공산에서 보자면 서쪽에 자리하고 있는 신라 고찰이다. 팔공산에 산재해 있는 다른 절집과 달리 계곡물을 앞에 두고 평지가람의 모습을 하고 있는 편안한 사찰이다. 큰길가와 바로 붙어 있어 아무나 부담 없이 들락거릴 수 있는 편안하게 생겨 먹은 절집이며, 그 때문인지 몰라도 나처럼 가지지 못한 자들도 부처님 앞에 한 발짝 더 가까이 다가갈 수 있게 배려한 듯 입장료도 없다. 자기 집 손님으로 가는데 돈 받는 곳은 큰 절집뿐이다. 좀 더 넓은 아량을 베풀어 준다면 나처럼 가지지 못한 중생들도 편하게 부처님을 자주 뵐 수 있을 텐데. 가진 자가 아니면 축원도 못 드리는 현실이 안타까울 뿐이다. 하지만 요즘 들어서 문화재 관리 차원의 입장료를 받지 않는 대찰들이 늘어나고 있다니 참으로 고무적인 변화라 할 수 있다.

　각설하고 소나무 숲에서 솟아났다고 해서 송림사란 이름이 붙은 만큼 예부터 이곳에 울창한 소나무 숲이 있었던 것으로 생각된다. 그러나 송림사 또한 비운의 역사를 비켜가지는 못했다. 몽골의 침입과 잦은 전란으로 전탑만 남고 소실되고 말았으며, 조선 때 와서 숙종이 대웅전이란 현판을 직접 써서 내려 준 사찰이었으나 그 화려했던 과거는 과거일 뿐이고 지금은 1590년대와 1800년대에 중창한 흔적들이 조금씩 남아 있을 뿐이다. 그나마 답사의 참 맛을 느끼게 하는 신라시대의 전형적인 전탑이 온전히 남아 있어 위로가 된다.

　송림사는 신라 아도 화상이 창건했다는 설이 있으나 정확히 확인할 길은 없다. 고려의 천태종을 창종한 고승 대각국사大覺國師 의천義天이 중창불사를 했다는 기록이 남아 있고, 지금은 조계종 제9교구 본산인 동화사의 말사로 있다.

　송림사에는 연기설화가 전해져 오는데, 연기설화란 죽은 조상신이 나타나 자손을 위해 부귀의 방편을 알려 주지만 그 금기를 어겨 불행해지거나 다른 사람이 복을 받게 된다는 내용의 설화다.

　송림사 전탑은 상륜부가 온전히 남아 있는 유일한(?) 전탑이다. 전탑이란 벽돌을 구워서 세운 탑을 말하는데 중국의 남북조시대에 많이 만들어졌고 우리나라에 세워진 것도 불교가 우리나라에 들어온 경로와 무관치 않다. 고구려 승려 묵호자(우리나라에 불경을 처음 가지고 온 아도 화상과 동일인이라는 설도 있다. 송림사 창건을 아도 화상이 했다는 설을 뒷받침해 주기도 한다)가 우리나라 최초의 불자인 선산 도리원 모례의 집으로 숨어드는 경로와 경주로 가는 길목인 대구와 안동(신세동 칠층전탑, 조탑동 전탑)에만 전탑이 있는 것으로 보아 그렇게 생각할 수도 있지만 어떤 연유인지 여전히 알 수는 없다. 그러나 탑의 역사로 보자면 불교 도입 후 약 200년간 목탑이 주로 세워지다가 삼국시대 말기에 들어 석탑이 등장한 것으로 추정된다. 삼국시대의 석탑은 모두 7세기 초 이후에 세워진 것으로 백제 탑으로는 익산 미륵사지 석탑과 부여 정림사지 오층석탑이 남아 있고, 신라 탑으로는 경주 분황사 모전석탑이 남아 있을 뿐이다. 통일신라시대에 오면 백제의 석탑과 신라의 모전석탑을 절충한 석탑이 등장하는데 바로 의성 탑리 오층석탑이 대표적이다. 송림사 전탑 역시 경주 분황사 모전석탑을 모태로 해 생겨난 석탑 중 하나다. 탑은 자리한 곳의 기후와 지형과 재료의 특성에 따라 조금씩 변화되어 가게 마련이다. 목탑은 일본에서 유행했으며, 중국에는 사막의 모래를 이용한 전탑, 우리나라에는 모전석탑과 석탑이 주로 세워진 걸로 인식

되고 있으나 경주 황룡사 구층탑을 비롯해 우리나라에도 팔각과 사각의 목탑이 많이 있었다.

그러나 워낙에 많은 전란을 겪고 보니 나무의 가장 취약점인 화재에 목탑이 수모를 당했다고 봐야 하겠다. 단단한 돌덩이로 만든 석탑도 온전한 것이 몇 없는데 하물며 온전한 목탑을 기대하기란 무리가 아닐까! 수많은 전란과 숭유억불정책 속에서 조선시대엔 서원의 예속사찰로 전락하는 수모까지 당했으며, 결국엔 일제강점기 국외 반출이라는 약탈의 아픔을 감내해야 했던 우리 사찰 내 문화재들의 쓰라린 기억을 꼭 되돌아봐야할 것이다. 그렇기 때문에 무자비한 몽고군의 침략에 그나마 온전하게 지탱해 준 송림사 전탑이 유난히 고맙게 느껴진다.

신라시대 전형의 모습을 한 송림사 전탑은 화강석으로 된 하나의 기단에 모서리 기둥 우주와 다섯의 사이 기둥 탱주를 모각해 놓았다. 그 위로 하나의 몸돌 받침을 놓고 위로 탑신을 올렸다. 탑은 전체적으로 날렵하거나 수려하지는 않지만 보는 시각에 따라 상승감과 경쾌한 맛을 느낄 수 있으며, 정성스레 쌓아 올린 전탑의 참맛을 느낄 수 있다. 특히 상륜부의 노반과 복발 보륜의 화관 그리고 찰주에 걸려 있는 연꽃 모양의 보개가 화려해 눈길을 끈다. 원래 황금으로 칠해져 있으나 본래 것은 따로 잘 모셔 두고 색상은 다르지만 똑같이 만들어 올려 놓았다고 한다. 수리, 보수 때 그 속에서 순금불상과 보리수 형태의 공예품이 나왔으며, 고려청자와 불사리 4과도 함께 나왔다고 하니, 고려시대에도 몇 차례 수리와 보수를 했다는 기록을 뒷받침해 준다. 또한 원래는 1층 남쪽에 불상을 모시는 감실이 있었는데 후대에 그것을 막아 버렸다고 한다. 어떤 연유로 그랬는지 알 수는 없는 노릇이지만 꽉 막힌 전탑에 소통의 공간이 있었다면 훨씬 여유로운 모습이었으리라는 생각을 지울 수 없다.

　우리나라에 상륜부가 온전히 남아 있는 석탑은 극히 드물다. 상륜부相輪部란 사물을 보고 다스린다는 의미인데, 노반露盤이란 상륜부를 받치는 지대석이고, 복발覆鉢이란 공양 그릇을 엎어 놓은 것이며, 최초의 탑인 인도 산치탑의 지붕에서 비롯된 것이다. 상륜부를 이루는 요소로서 보륜寶輪은 아홉 혹은 다섯의 수레바퀴처럼 똑같이 둥근 형태를 하고 있는 장식을 이르며, 이것은 불법이 온 세상에 널리 퍼지기를 기원하는 것이기도 하며, 돌고 도는 윤회를 뜻하기도 한다. 보개寶蓋란 아래 보륜을 덮어 보호하는 기능을 의미하며, 다른 말로 천개天蓋, 즉 가장 높은 하늘의 도솔천 내원궁을 묘사해 놓은 것이다. 그 외 보륜 아래 꽃잎을 위로 향하게 벌려놓은 앙화仰花가 있으며, 수연과 용차 그리고 보배로운 구슬 보주寶珠와 상륜부의 기둥 찰주가 있다.

　송림사 전탑은 색상이 주는 느낌이 다양하다. 각각의 벽돌이 검은색, 혹은 푸른색과 청회색, 간혹 청록의 색감을 보여 준다. 특히 흐린 날 어둠에 지그시 눈을 뜨고 바라보면 오밀조밀한 질감과 편안한 색상이 더도 말고 덜도 말고 조화로운 제 모습을 보여 준다. 우뚝 선 석탑 아래서 올려다보면 하늘의 기운을 받아먹는 석탑에 곁따라서 나누어 받을 수 있다. 그러면서 자연 나도 모르게 탑돌이를 하게 된다.

　이곳 전탑을 풍수로 해석하는 측면도 있다. 팔공산 산세에 서쪽으로 흐르는 지기地氣를 누르기 위해 무거운 벽돌로 날개를 눌러 놓았다는 말인데, 전체 산세를 바라보면 그 생각도 틀린 것 같지는 않다.

-
-
-

불상

칠곡 노석리 마애불상군

창녕 관룡사 용선대 석조여래좌상

예천 한천사 철조여래좌상

고창 선운사 동불암지 마애여래좌상

서산 용현리 마애여래삼존상

경주 남산 불상군

노석리 마애불상군

경상북도 칠곡군 기산면 노석리

침묵과 고요의 공간

해는 천천히 서쪽으로 기울고 있었지만 붉은빛을 머금은 여름의 햇살은 여전히 뜨거웠다. 경북 칠곡군 기산면 노석리 마애불상군을 만나러 가는 길, 녹음이 짙푸른 여름 시골길은 은연중 농약 냄새가 배어 있다.

빈 산길에 주차를 하고 마애불까지 450미터라고 표기된 안내판을 올려다보며 동행한 벗이 힘든 듯 말한다. "이거 뭐 먹줄을 튕겨서 직선거리로 450미터인 거 같아요!" 건설업을 하는 벗이 지난 초겨울 홀로 찾았을 때 기억을 되살리며 마음을 단단히 다잡으라고 내게 하는 말이었다. 역시 여름 산길을 오르는 일은 힘이 많이 든다. 평소 운동과는 거리가 먼 나였기에 어느 정도 오르자 입에서 거친 숨소리가 나오기 시작했다. 몇 번을 손수건으로 땀을 닦아 내며 습기 가득한 그늘진 오솔길을 오르자 오래된 옹달샘이 나온다. 옛날 길손들의 목을 시원하게 축여 주었을 샘물은 이미 오염된 듯 비단개구리가 놀고 있고 푸른 이끼들이 끼어 메마른 플라스틱 바가지만 뒹굴고 있었다. 용도를 다한 옹달샘은 세월과 함께 묻혀가 고 있었다.

몇몇 산소를 지나고 땀이 흘러 눈을 파고들 즈음 가파른 바위에 올

노석리 마애불상군

라서자 눈앞에는 방금 천상에서 내려앉은 한 폭의 그림이 화려하게 나타났다.

좁은 터, 너른 바위의 평평한 수직면에 조각과 채색을 곁들여 그려 놓은 불상들이었다. 순간 나는 아무 말도 할 수 없었다. 시선을 고정한 채 바위만 응시했다. 그리고 나도 모르게 합장을 했다. 평소 마애불을 찾아가면 형태나 모습, 표정이나 비율 등을 뜯어보는 버릇이 있다. 그러나 이곳에서는 아무런 행동을 취할 수 없었다. 정신을 차리고 땀으로 범벅이 된 배낭을 벗자 이마에 땀을 훔쳤다. 여전히 시선은 한곳을 집중한 채로 고요한 서정의 순간을 맛보며 가슴에 손을 얹고 신비로운 영상 앞에서 침묵과 고요에 빠져든다.

이곳 불상에는 미소가 없다. 몸가짐에 비해 가장 중요하게 다듬어야 할 얼굴 모습을 얼버무려 대충 생략한 것이다. 결코 실력이 모자라서가 아니다. 얇은 양각의 표현이 세련되고 선 하나하나가 섬세하고 아름답다. 선각이 아니라 홈을 파듯 선 자체를 양각으로 표현하며 얇지만 적당한 높낮이로 볼륨감을 주었으며 형태를 나타냈다. 지구 중력에 맡긴 처진 옷 주름, 명암의 깊이를 조금씩 달리하는 섬세함이 완성미를 더욱 돋보이게 하는 것이다.

이곳 마애불에는 누군가 정성을 다해 채색을 해 놓았다. 절집에 단청을 하듯 입술과 법의와 광배에 잔잔하게 입혀 놓았는데, 불국토의 아름다운 세상을 표현한 것인지 모르지만 신비로운 장엄불단의 공간으로 만들어 놓은 것 같다. 불단의 장엄은 신앙심의 또 다른 표현이며, 불단은 가장 성스럽고 존귀한 곳이니 동방의 세계와 구분해 이곳에 서방정토를 표현해 놓은 것 같다. 따라서 장엄은 정토의 장엄을 상징하며, 극락정토를 이르는 말인데 바로 이곳에 정토의 희망을 꾸며놓은 것이다. 극락이란 아무런 괴로움이 없고, 모든 즐거움만 누리므로 극락이라 이름 한다. 극락세계는 공덕과 장엄으로 이루어져 있는데 항상 천상의 음악이 맑게 울려 퍼지고, 하늘의 만다라 꽃이 비 오듯 흩날린다. 또한 공작과 가릉빈가, 사리새, 공명새 등 신기한 새들이 밤낮없이 평화롭고 아름다운 소리로 노래하고 있다고 한다.

감성을 떨어내고 가만히 살펴보니 마애불은 참 특이하다. 삼존불이 아니라 사존(?)불이다. 가장 크게 조성된 주존불인 아미타불은 이곳을 극락정토로 표현하고 있다. 얼굴은 둥글고 풍만하며 가운데로 모인 듯 눈, 코, 입은 그리 선명하지 않아 표정을 알 수 없어 더불어 상상이 가능하니 마음이 즐겁다. 깨달음의 상징인 머리 위 상투 모양의 육계가 크게 조각되었으며, 귀는 어깨선까지 내려와 있다. 당당한 어깨 위 법의는 양쪽을 모두 덮은 통견이며 오른손은 가슴 앞에 대고 엄지와 중지 혹은 검지를 마주하고 있다. 왼손은 바위가 떨어져 나가 잘 알아볼 수 없으나 아마 중품중생中品中生 혹은 중품상생의 수인이 아닐까 상상해 본다. 무릎 아래까지 내려온 법의 아래 다리를 결가부좌하고 있으나 한쪽으로 조금 기울어진 상태라 보는 이의 시선에 따라 막 움직이는 순간의 찰나를 표현해 놓은 것처럼도 보인다. 동적인 공간 연출이다. 작게 삐져나온 연꽃 대좌가 약간은 눌린 모습이며, 주존불 뒤로 신광身光*은 보이지 않으나 다소 크게 조각된 겹으로 된 두광의 불꽃 형상이 화려하다. 또한 가슴 아래 용도를 알 수 없는 U자형의 융기선이 조각되어 있어 아래로 흐르는 시선을 붙들어 매는 혜안이 돋보인다.

　왼쪽의 협시불은 주존불에 비해 약간 작으나 오른쪽 협시불보다는 조금 크다. 보주를 새긴 보관을 쓰고 있으며, 왼손에는 연꽃 가지를 들고 있다. 바로 관음보살상이며 말 그대로 아미타불을 보좌하고 있다. 무엇인가 끊임없이 주존불을 향해 정성을 다하는 모습이 떠오른다.

　오른쪽 협시불은 왼쪽 협시불보다 작다. 가운데가 극락정토의 아미타불이고, 왼쪽이 현세의 관음보살이라면, 당연히 아미타불의 오른쪽 협시불은 대세지보살이다. 그렇게 함으로써 아미타 삼존불三尊佛이 완성되는 것이다. 대세지보살은 서방광명세계에 지혜와 광명이 으뜸인 보살이다. 지혜의 빛으로 중생을 비추니 이곳을 찾는 이들에게 절망과

---

* 부처에서 나오는 둥근 형태의 빛, 즉 후광을 광배라 한다. 몸 부분에서 나오는 빛을 신광, 머리 부분을 두광이라고 한다. 처음에는 부처에만 표현했던 것을 차츰 변화되어 불보살에도 쓰이게 된다. 신성성을 강조하기 위한 것으로 두광과 신광 중 두광을 위에 놓으며, 또한 이중의 광배에 화려한 불꽃무늬를 새겨 넣거나 석가모니불과 당초문, 띠 등으로 표현하기도 한다.

고통을 지혜의 길로 인도하는 것이다. 보관 정수리에 보병寶瓶을 이고 천관天冠을 쓰고 얼추 형태가 맞아 들어가고 서쪽을 등지고 동쪽을 향해 앉아 있으니 절절한 마음의 표현이 딱 맞아 떨어지는 공간, 서방정토가 된다.

대세지보살은 가운데 주존불을 향해 두 손으로 무엇을 공양하는 모습이다. 참 특이하고 재밌는 모습도 발견할 수 있다. 통견의 법의 허리 부분에 짧게 주름진 앞치마를 두르고 있는 다소 귀여운 모습, 연꽃 좌대 위에 올린 다리는 발목에서 서로 교차하는 교각 자세를 취하고 있다. 아마 우리나라에서 유일한 모습이 아닐까 생각한다.

삼존불 옆, 보는 방향에서 가장 왼쪽에는 홀로 불상을 작게 하나 더 만들어 놓았다. 일반적인 대칭 구조를 벗어나 주존불을 위시해서 부드러운 공간적 여유로움이 생겨나는 것도 이 때문일 것이다. 이토록 아름다운 불상들이 조형과 품위 있는 색채들로 채워지고 하나하나가 작품이 되어 제 생명을 가지고 되살아나고 있다.

'무엇 때문에 구태여 불상 하나를 더 조각해 놓았을까?' 하는 의문을 떨칠 수 없다. 미래불, 즉 우리 할머니들의 염원을 이루어 줄 미륵불은 아닐까? 용화세계, 가장 높은 하늘 도솔천*에서 이 세상에 출현하기를 기다리며 미륵부처를 조성해 놓은 것은 아닐까 생각한다. 이곳이 곧 극락이요, 서방정토라는 역설적 표현으로 극락정토를 만들어 놓은 후, 그래도 미련이 남아 미래에 대한 희망의 메시지를 다짐하듯 더 만들어

---

* 장차 부처가 될 보살이 사는 곳이며, 석가도 현세에 태어나기 이전에 이 도솔천에 머물며 수행했다고 한다. 현재는 미륵보살이 여기에서 설법하며 하생下生 할 때를 기다리고 있다고 한다.

놓은 것이다. 참 질긴 집념이다.

　미륵불로 생각되는 불상의 모습을 나누어 보자면 다소 큰 두광을 두고 뚜렷한 육계와 동그랗고 귀여운 얼굴, 처진 귓불, 목에는 삼도를 조각하다 만 두 줄의 선, 선명히 드러나는 통견의 법의 아래 주름이 확연하다. 다만 가부좌의 모습이 반가부좌 모습도 연상되나 오른쪽 다리가 왼쪽 다리에 올려져 있지 않아 안락좌安樂坐지만 오른쪽의 무릎을 올려서 내려뜨린 모습이다. 다리를 드는 순간일 수 있고, 놓이라면 오랫동안 같은 자세로 앉았다가 다리가 아파서 바꾸는 순간일 수 있으며, 그것도 아니면 지금 막 이 세상에 출현하려는 순간일 수 있다. 연꽃 좌대의 크기를 다른 불상과 비교해 보면 몸에 비해 유난히 작다는 것을 알 수 있다. 내 생각이 틀리지 않았다면 그 모습은 바로 구부린 무릎과 함께 자리에서 일어서려는 찰나가 분명하며, 몸과 좌대의 공간이 떨어져 있는 모습일 수 있다.

　서산 마애삼존불의 표정을 누군가는 백제인의 미소라고 기똥차게 표현했다. 나도 처음 그 말을 들었을 때 참 기분이 좋았다. 다분히 지역 정서와 서정적 감성을 자극한 말이었지만 좁은 땅덩어리 미소를 나누는 경계에 간혹 부정적인 생각을 한 적도 있었다. 경주에서 출토된 와당 수막새에 조각된 얼굴이 신라의 얼굴이라 하더라만 한 민족의 뿌리에서 참 시답잖은 화두다.

　그러나 당시 힘들어 했지만 희망을 잃지 않았던 민초들의 돌아서는 발길에 행복한 마음이 가득 담겨 있었을 것이다. 하여튼 머릿속 지난 모든 지식일랑은 지워 보자. 그리고 지금까지 각인되어 오던 생각도 버려 보자. 신라 유물을 중심으로 읽은 모든 논리도 지워 버려 보자. 삼국이 전쟁을 시도 때도 없이 벌이고 있을 때 그 민초들의 바람은 과연 무엇이었을까? 전란과 굶주림과 노역과 육체의 고통을 한껏 떠안았던 그 시대 백제 민초들의 바람이 서산마애삼존불에 담겨져 있다면, 당장의 굶주림과 고통에서 구원을 바랐다면 응당 그렇게 조각해 놓았듯, 이곳 역시 그와 별반 다르지 않았을 것이며 또 그랬을 것이다.

　우리는 정성들여 합장을 하고 아쉬운 마음에 뒤에 있는 넓은 바위에 올랐다. 넓은 공간에 시야가 맑다. 낙동강이 가로지르는 저 멀리 왜관이 보인다. 한참을 그렇게 앉아 있었다. 그러다 문득 뒤풀이가 그리워 얼른 내려와 길을 잡는다. 그리고 다시 저자거리에서 밤 늦도록 하루를 복기하며 물들어 갔다.

관룡사 용선대 석조여래좌상

경상남도 창녕군 창녕읍 옥천리

지혜의 길

이른 봄날 한가한 날에 맞춰 기분 좋게 길을 떠난다. 경남 창녕은 제2의 경주라 일컫는 곳이다. 그만큼 우리의 옛 문화재가 많이 남아 있다는 뜻이니 가는 발길에 흥분이 일게 마련이다. 그러나 여유 부릴 시간이 없어 구석구석 돌아보지 못한다는 사실이 무척이나 아쉽다. 국보 33호 신라 진흥왕 척경비, 국보 34호 술정리 삼층석탑 그리고 가장 완벽하게 보존된 조선시대 석빙고와 더불어 홍예 모양의 만년교와 조선시대 가옥 구조를 알 수 있는 술정 하씨 초가 등 많은 답사거리들이 산재해 있지만 지난날의 답사 길로 대신 다독이며 기억을 더듬는다.

  화왕산 아래 천년 고찰 관룡사觀龍寺 입구에 다다르자 돌장승 벅수 두 기가 이방인의 발길을 검열하고, 꼬장꼬장한 모습의 벅수는 내 마음속에 도사리고 있는 사악한 기운을 모두 내려놓고 사찰로 들어서라 인상을 쓴다. 그들의 뜻에 따라 마음속으로 합장을 하고 하늘의 맑고 청량한 기운을 받아 오른다. 이 장승은 사찰을 수호하는 호법장승이지만 어느 날 어리바리한 두 장승은 길을 잃었다. 대전 어느 구석에서 울고 있는 것을 데려와 이렇게 절집 초병으로 임무를 부여하니 제법 그럴듯

하다. 역시 사람이든 물건이든 쓰임새에 따라서 품격을 달리하니 어느 위치의 삶을 살아가느냐에 따라 나누는 등급의 인생이 문득 처량하게 느껴진다.

앙증맞은 작은 산문을 지나 관룡사 대웅전에 들어서니 불단인 수미단에 각각의 조각들이 눈을 붙잡는다. 서쪽으로 떨어지는 한 줄기 햇빛이 열어 놓은 문을 통해 내리고, 작고 앙증맞은 주악천인상이 햇살 조명 아래 요염한 미소로 날 유혹한다. 그 유혹이 현세를 인도하고 도와주시는 관음보살로 내게 비춰지는 이유는 허허로운 내 가슴을 채워 주기에 충분하기 때문이다. 아름다운 피리 소리가 들리는 듯하고, 하늘하늘 날개옷이 춤을 추고 있다.

애써 털어 내고, 흥분된 발길로 땀 흘리며 우뚝 솟은 용선대에 오른다. 높은 바위 위에 석조석가여래좌상 한 분이 당당하게 정좌하고 있다. 불상 앞으로 오르는 것이 아니라 뒤에서 불쑥 나타나니 죄송하기 그지없지만 불상이 바라보는 아래를 같은 시선으로 바라볼 수 있는 행운이 있으며, 반야용선에 무임승차한 기분이니 이보다 좋을 수 없다.

화왕산 중턱 화왕산성 갈림길의 용선대 마루, 높은 연화좌대 위에 결과부좌한 채 당당한 표정으로 웃는 듯 아닌 듯, 보는 이의 마음에 따라 서로 각기 다를 수 있는 모습을 하고 있다. 머리는 곱슬머리 나발이며, 머리 위 깨달음의 상징인 육계가 두드러져 보이고, 온화한 모습에 참 부드러운 표정으로 세상을 굽어보고 있다. 통견의 법의가 얇게 조각되어 있어 볼륨감은 적으나 얇은 옷감에 착 감기는 부드러운 맛을 주고, 통통한 볼살이 참 친근하게 느껴진다. 수인은 마귀를 굴복시키는 항마촉지인인데 새끼손가락 끝이 살짝 떨어져 나간 것이 내 일인 양 아프다.

경주 토함산 석굴암 부처를 닮았기 때문인지 친근한 느낌이며, 크기가 작고 어깨는 다소 왜소한 편이지만 이곳에 정좌하고 있으니 크기와 균형에 상관없이 당당한 모습이다.

　팔각의 높은 좌대는 연꽃이 위로 핀 앙련대인데, 세 겹의 연꽃이 주름까지 부드럽게 피어나는 모습을 이중으로 층층이 조각해 놓아 양감이 두드러진다. 또한 회백색의 불상과 달리 황토의 짙은 맛이 참으로 정겨워 만지면 사르르 오므라들 것만 같다. 가운데 긴 간주석에 안상을 음각하고, 아래에 다시 연꽃이 아래로 핀 복련 받침을 주어 대칭을 이룬다. 그러나 층층의 앙련과 달리 볼륨이 심한 하나의 연꽃만이 다소 길게 피어 있다.

　이렇게 시원한 눈맛의 시야 속에 정좌하고, 아무런 두려움도 갖지 말고 나를 따르라는 부드러운 카리스마의 위풍당당한 석불. 하늘을 가득히 머리에 이고, 서산으로 기우는 해를 뒤로하고, 멀리 차들이 지나는 소리, 향락의 중생들이 고래고래 절규하듯 마이크에 대고 떠들어대는 알 수 없는 소리까지 포용하며 미동 없이 앉아 있다. 멀리 인간 세상을 굽어보는 그 표정에 오고 가는 중생들의 무심한 눈길과 정성스런 마음의 울림까지 굽어보며, 빛에 비치는 양감이 살아 움직이는 듯하다.

　불상이 바라보는 시선을 따라 아래를 내려다보니 고소공포증에 다리는 후들거리고, 흠칫 놀라 뒤돌아 훔쳐본 부처님은 여전히 잔잔한 미소로 나를 바라보고 있다. 높은 하늘에서 굽어보는 부처님이나 하느님의 눈으로 나를 바라본다면 순수하고 맑은 영혼으로 보이길 욕심내지만, 까칠하고 저급한 성정이 부끄러워진다. 높이 있음에 어지럼이 도질까 옆으로 내려와 석불의 옆모습을 먼발치에서 훔쳐본다.

태어나고 죽는 고통이 가득한 차안此岸의 세상에서 억겁의 바다를 건너 진리를 깨달아 도달할 수 있는 이상적 경지 피안彼岸의 세상으로 힘차게 나아가는 반야용선의 모습을 관중이 되어 감상한다. 이때 갑자기 울리는 휴대폰 벨소리가 내 감상의 애를 끊어버렸지만 참으로 감동적이라 할 수 있다.

용선龍船이란 용이 호위하며 이끄는 배다. 원래는 반야용선이라 부르는데 반야 즉 지혜를 노로 삼아 힘차게 저어 피안으로 나아가게 한다는 뜻이다. 뱃머리에는 길을 인도하는 인로왕보살引路王菩薩이 있고, 부처님께서 이 배의 선장으로 계신 것이니 여기 부처님이야말로 피안으로 가는 반야용선의 선장인 셈이다. 저 아래 너른 골짜기는 용선이 헤쳐 나가야할 강물이자 고통이 가득한 세상인 차안이 아닐까 싶다.

조금 억척을 부리자면 이곳 부처는 동짓날 해 뜨는 방향으로 정좌하고 있는데, 경주 석굴암 부처, 대구 팔공산 갓바위 부처, 남원실상사 철불도 같은 모습이다. 동지 즉 음의 기운이 가장 강한 음의 세계에서 양의 세계를 지향하는 풍수사상에 기원한다고 할 수도 있다.

검은 까마귀들이 호들갑을 떨어 이방인이 바라보는 시선을 방해한다. 까마귀들은 그렇게 석불 주위를 몇 바퀴 돌다가 요란하게 사라지고 다시 돌기를 몇 번 반복하며 내게 무언의 메시지를 던지고 있는 셈이다. 참 시원한 눈맛에 감동이 더해져 한참을 바라보다가 내려왔다.

나는 다시 저자거리에 돌아가 악을 쓰듯 살겠지만 한동안 용선대 석불좌상이 가슴속에 자리하고 있을 것 같아 벅찬 즐거움이 샘솟는다.

한천사 철조여래좌상

경상북도 예천군 감천면 증거리

온화한 미남불

길가 과수원에는 빨갛게 사과가 익어 가고, 처음 만나는 바둑이가 이방인에게 꼬리를 흔든다. 군대 시절, 십여 년 정을 주었던 잡종 개 갑돌이를 큰오빠가 개장수에게 팔아넘겼다며, 눈물로 얼룩진 여동생의 편지가 생각난다. 그렇게 모질던 형도 이미 이 세상 사람이 아니니 세월은 흐르나 보다.

한천사 철불상이 보고 싶어 몇 년을 벼르다 찾아가는 길이다. 지난날 한여름, 주마산 아래 뻐꾸기 소리 처연히 들려올 때 바라보던 처마의 풍경과 잘생긴 철불상 그리고 작은 삼층석탑이 정겨움을 더하던 모습이 가슴에 여전히 남아 있다.

중앙고속도로 영주 인터체인지에서 예천군 감천면 소재지 오른쪽으로 꼬불꼬불 난 시골길을 달린다. 그렇게 얼마를 가다 보면 길 끝나는 곳에 한천사란 작은 사찰이 오목한 곳에서 다감하게 반긴다. 지금은 단출한 대적광전과 약사전 그리고 요사채뿐이지만 신라 문무왕 18년(678) 의상이 지은 고찰이다. 한국전쟁의 화마에 모두 불타고 없어졌지만 다행히 이 지역에선 보기 드물게 철불鐵佛이 보존되어 있고, 전형적

한천사 전경

인 신라 말 석탑이 절집 마당 한 귀퉁이에서 햇살을 받고 있어 가끔 발길 하는 불자나 답사객에게 깊은 의미를 부여하기도 한다. 가까이 있는 영주 부석사를 지을 때 기둥이 넘어졌는데 소백산맥 남쪽 주마산走馬山 지세가 달리는 말머리 형국이라 이곳에 한천사를 먼저 짓고 이후 부석사를 지었더니 넘어진 기둥이 바로 섰다는 전설이 전한다.

절집 마당으로 들어서니 통일신라 양식의 작은 석탑이 반기며 동시에 비구니 한 분이 먼저 이방인을 향해 합장을 한다. 구석진 사찰에 한적하기 그지없으니 사람이 반가운 게다. 맑고 온화한 기품에 고개 숙여 답례를 하니 이곳에 보물이 둘이나 있다며 자랑하신다. 신라 석탑과 철불을 두고 하시는 말씀이다.

철불, 무쇠로 만든 불상이다. 철불이 가장 성행했던 시기는 신라 말부터 고려 초기다. 신라 말 지방 호족과 선종의 성장이 철불을 탄생시

컸다. 지방 호족의 재력이 아니면 막대한 자금이 들어가는 철불을 조성하기란 쉽지가 않았을 것이다. 또한 선종에서는 기존의 종교와 차별을 꾀하기 위해 승려들의 무덤인 부도와 부도비 그리고 철불을 유행시키기에 이른다. 보령 성주사지 철불(국립중앙박물관 소장), 남원 실상사 철불 등 선종 사찰에서 철불이 출토되거나 보존되어 있음을 보면 알 수 있

한천사 철조여래좌상

다. 이 때문에 신라의 수도 경주 가까이 있는 철불은 경북 영천 선원동 작은 전각의 철불좌상(보물 513호) 과 한천사 철불(보물 667호)이다.

한천사 철불은 온화하고 참 잘생겼다. 가히 미남불이며, 인상은 우아하고 단아하다. 건강한 신체 구조와 법의 속 탄력 있는 다리 근육을 상상케 만들며, 주름과 매무새가 부드럽고, 잔잔하게 미소 짓는 인상을 풍기고 있다. 처음 이 철불과 마주했을 때는 두 팔이 잘려 나가 대충 끼워 맞추듯 약사여래불로 만들어 작은 약사전 전각 속에 답답하게 모셔 두었더니 이제는 원래의 모습, 원형에 가깝게 두 팔을 다시 만들어 법신불法身佛인 비로자나불*로 조성해 사찰의 대웅전격인 대적광전에 모

---

* 신불, 바이로차나 혹은 노자나불이라고도 하는데 빛 혹은 광명인 진리의 빛을 뜻한다. 온 세상에 비추지 않는 곳이 없는 진리의 빛이며, 법신불이란 이 세상의 이치, 즉 태어나고 머무르고 사라지는 이치를 부처로 표현한 것이다.

셔 놓았다. 가히 감쪽같다. 예전의 모습을 보지 못했다면 속아 넘어갈 뻔 했으나, 그래도 많은 전란 속에서 온전하게 보존해 온 것에 감사하고, 광배와 좌대는 어디로 사라지고 없지만 당당한 모습은 경의의 시선을 보내게 된다.

    법신불인 비로자나불엔 빛으로 널리 세상을 구한다는 뜻이 담겨 있으며, 전각의 이름에도 빛 '광光' 자가 들어간다. 대적광전, 대광명전, 유리광전 등. 비로자나불은 지권인智拳印 형태를 취하고 있는데 이 손의 모양은 이理와 지智 즉 중생과 부처, 미혹함과 깨달음이 원래는 하나라는 뜻으로, 온 세상 비추지 않는 곳이 없다는 진리의 빛이기도 하다. 바로 우주의 진리를 이야기하고 있다.

    철불상과 눈을 마주하고 앉아 명상에 잠긴다. 만약 불상이 내려다보고 있다면 치열하게 살고 있는 어린 불자의 모습이었을 것이나, 이기적인 동기에서 세속적 욕망만을 갈구하는 내가 되지 않기를 바랄 뿐이다.

    오만 가지 번뇌에 쌓여 법당을 나온 이방인은 가을 햇살을 받고 있는 삼층석탑을 향한다. 마당 귀퉁이 가을 햇살에 한가로이 조는 듯 서 있는 탑. 나도 그 햇살을 얻어서 받고, 탑인 양 서 있어 본다.

선운사 동불암지 마애여래좌상

전라북도 고창군 아산면 삼인리

아들아이와 함께

참 화사한 봄날만큼 가슴도 뛰고 있었다. 2박 3일 동안 아들아이와 둘만의 여행이라 남다름도 있었지만, 고창 선운사 동백이 보고 싶었고, 고려 무인의 기상이 형형한 동불암 마애불에 기대가 컸던 까닭이다. 또한 그동안 밀려 있던 둘만의 시간을 보낼 수 있다는 즐거움에 편한 대화를 꿈꾸며 전라도 고창까지 대중교통을 이용하기로 했다. 급할 것 없는 인생에 준비 안 된 여행길이 어쩌면 더 좋은 추억거리를 남길 수 있다는 생각에 약간의 동선만 머릿속에 그려놓고 길을 떠났다.

대전역에서 최근 아이가 열독하고 있는 《노빈손의 좌충우돌 로마 오디세이》 한 권을 선물하고, 본격적인 전라도 여행을 시작했다. 오목조목 낮고 높은 산등성이가 주요 풍경인 경상도와 달리 전라도는 넓은 평야들이 시원함을 더해 주고, 성질 급한 꽃들은 찬 봄바람에 고개를 밀어 올리고 있었다. 멀리 차창 밖에 간간이 넓은 황토밭이 새봄의 온기를 품고, 바쁜 농부의 등을 비추는 햇살이 참으로 정겹게 보인다.

아들과 함께하는 여행에는 혼자 할 때와 달리 꼭 필요한 준비물이 있다. 부모로서 천륜인 내리사랑의 마음은 기본이며, 음료와 과자 그리고 준비된 잔소리와 아버지로서 품위를 더해 줄 멋있는 명언들이다. 그러나 시간이 지날수록 기대와는 달리 시큰둥한 반응에 점점 아들의 눈치를 살피는 아버지로 변해 가고 있었으며, 빨리 첫 번째 목적지에 닿기를 기다리며 침묵할 수밖에 없는 한심함이 더해졌다. 다만 초등학교 졸업 기념으로 지리산 등반과 중학교 졸업 기념으로는 한라산 등반을 제안하는 아들놈을 의심의 눈초리로 바라볼 뿐이었다. 과연 제 놈이나 나나 이 약속을 실행할 수 있을지 자신이 없었지만, 그렇게 말해 주는 아들이 대견한 것만은 사실이었다.

　기차와 버스를 몇 번 갈아탄 끝에 선운사에 닿았다. 기대와 달리 선운사에는 동백이 아니라 봄에 피는 춘백이 아직 손톱 끝에만 물들인 것처럼 작고 빨간 몽우리들만 약간씩 보여 줄 뿐이었으며, 더불어 화창했던 날씨는 구름에 어두워졌다. 아침 일찍 출발했지만 워낙 먼 길에 대중교통을 이용했으니 하루의 해도 기운을 다해 저물어 가고, 마음은 보통 때와 달리 급해지기 시작했다. 아들아이의 관심도 끌지 못하는 석탑 앞에서 궁상을 떨고, 매번 절집이나 석탑, 서원 등 옛것만 찾아다니는 아버지를 이해 못하는 아들의 심기가 심드렁해 보인다.

　시원한 계곡의 물줄기는 청량한 기운을 돋워주기는커녕 저물어 가는 해를 뒤로한 절집의 기와지붕만이 날씨만큼이나 처연히 으스스 한 기를 몰고 왔다. 그렇다고 여기서 짧은 하루를 포기할 수는 없었다. 아들에게 설득력 있는 무엇으로 마음에 반전의 기를 불어넣어 주어야 했다. 절집 마당을 거닐며 선운사 창건설화를 들려주기 시작했다.

　"본래 선운사는 용이 살던 큰 못이었는데, 검단 스님이란 분이 신기한 힘을 발휘해서 용을 내쫓고 연못을 메워 나가기 시작했단다. 그러자 이상하게도 아랫마을에 눈병이 심하게 돌았단다. 어느 날, 못에 숯을 한 가마씩 갖다 부으면 눈병이 낫는다고 해서 이를 신기하게 여긴 마을 사람들은 너 나 할 것 없이 숯과 돌을 가져와 큰 못은 금방 메워지게 되었는데, 바로 연못을 메운 이 자리에 절을 세우고, 지혜로 선에 이른다는 뜻으로 절 이름을 '선운사禪雲寺'라고 지었단다."

이 말을 대충 듣던 아들이 대뜸 질문을 해 온다.

"아빠, 눈병하고 숯하고 무슨 상관이 있는데? 그리고 진짜 용이 있었어요? 힝, 말도 안 되구만!"

진지한 이야기를 자기 식대로 한방에 흩날려 버린다. 그러나 변명하다시피 아들에게 다시 말했다.

"그러니 설화라고 하지. 믿고 말고는 네 맘이니 맘대로 생각해라. 아마 불교가 우리나라에 들어올 때, 처음부터 우리나라에 있던 토착 종교보다 우위에 놓기 위해서 다소 과장되게 만들어 낸 것이 아닌가 싶다. 그리고 이곳에 도적들이 많았는데 검단 스님의 도움으로 모두 착한 사람이 되었단다. 그 은덕으로 소금을 구워서 해마다 선운사에 바쳤는데, 이 소금은 은혜를 갚는다는 뜻으로 보은염報恩鹽이라고 했단다. 그리고 근처엔 그리 멀지 않은 과거에 소금밭이 활발했다고 하니 사실이랑 전설이랑 막 버무려서 전해져 오는 게 아닌가 싶다."

이렇게 감동적인 말을 했는데도 아들놈의 표정에는 아무런 변화가 없다. 그럼 그렇지 아무래도 소재 선택을 잘못했나 보다. 그러나 신라 진흥왕이 처음 세우고, 검단선사가 고쳐 지었다는 사료가 있다고 하니 어느 정도의 지식은 전했으리라 생각한다.

튼실한 맞배지붕을 한 대웅전에 함께 들어가 삼배를 올리고, 화려한 달집과 불단을 감상하다 밖으로 나오니 해는 벌써 서산으로 한참을 기울어져 있다. 마음이 급했지만 아들이 보는 앞에서 조급함을 내보일 순 없다는 생각에 짐짓 여유를 부리며 절집을 나서자, 이 아들놈은 갑자기 제 어머니에게 전화를 걸어 푸념을 늘어놓는다.

둘만의 밤을 새고 아침에 일어나니 상쾌한 공기가 폐부 깊숙이 들어와 지난밤의 찌꺼기를 몰아낸다. 된장찌개로 아침을 때우고, 선운사 입구 검표하는 아저씨께 어제 늦게 들어가 다 못 보았으니 공짜로 들어서겠노라 고집을 부리니 마음씨 좋은 아저씨가 "응당 그렇게 해야지요" 하며 기분 좋게 통과시켜 준다. 저자거리 근성이 시도 때도 없이 나오는 내 자신이 대견해 흐뭇한 마음으로 묵묵히 따르는 아들을 내려다보니 도를 통한 듯 무념무상한 표정에 썰렁해진다.

시작부터 가벼운 즐거움이 솟았다. 도솔암까지 행군을 해야 하니 은근 아들아이가 걱정이었지만 시간이 지나도 씩씩하게 잘 걷는 아들이 무척 대견스러웠다. 진흥왕이 기도했다는 진흥굴을 지나고, 딱따구리 요란하게 나무 쪼는 모습까지 구경해 가며 한참을 오르니 도솔암이 나온다. 뒤편 암자 언덕에 올라 그토록 보고 싶어 하던 마애불과 마주하고 섰다. 넓은 바위에 장대하게 새겨져 있는 마애불을 넋을 놓고 감상하고, 아들놈은 넋을 놓은 내 모습을 감상한다.

마애불은 넓고 울퉁불퉁한 바위에 17미터 크기로 장대하게 조각되었는데 머리 부분은 깊이 있게 홈을 파내고, 아래로 내려올수록 깊이가 얕아진다. 표정으로 보아 통일신라 완성기의 부드러운 불상과 달리 날카로운 눈매와 각진 얼굴, 두터운 입술 등이 고려 초기 무인을 연상케 하고, 내려뜨린 팔 또한 팔꿈치 부분에 굳어진 각이 선명해 긴 칼을 움켜쥐고 있었다면 호령하는 장군의 모습이었으리라 상상해 본다.

두 손은 모두 가운데로 모여 있는데 석가모니의 항마촉지인도 아니고, 아미타불의 구품인도 아니며, 손바닥 위에 아무것도 없어 약사여래불도 아니니 우리 할머니들의 미래불 즉 어디서나 희망의 메시지를 주는 미륵불이 분명하다는 생각이다. 미륵불을 세운 건 미래에 대한 소망을 담고, 현실의 세상이 휙 바뀌어 평등한 세상을 염원하며 힘겨운 삶에 대한 최소한의 대응이 아니었을까? 아니면 강인하고 당당한 무골형의 미륵불이 당장이라도 나타나 응징하기를 갈망하는 마음속 표정을 담아놓은 것은 아닐까? 세월은 흐르고 또 흐르며 소망이 덧칠되고, 희망이 쌓이면서 전설과 전설이 쌓이게 되었을 게다.

결가부좌한 다리는 오른다리가 위로 올라간 길상좌吉祥坐며, 두세 겹의 방석을 깔고 있으나 자세히는 알 수 없다. 다만 그 아래 몇몇의 계단처럼 보이게 각을 주어 높이 모시려는 연출을 하고 있다. 맨 아래에 연꽃이 아래로 핀 복련석이 있으니 큰 연화좌대에 당당히 올라앉은 모습이다. 그러니 더 우러러 보이고, 굽어보는 양식에 불상의 힘이 실려 있다.

이 마애불엔 특이한 것이 둘 있다. 하나는 허리를 맨 매듭이 겹겹의 줄로 되어 굳건한 의지를 표현한 것처럼 보인다는 것이고, 다른 하나는 불상의 명치 부분에 사각의 홈을 파놓았다는 것이다. 이 사각의 홈은 후세에 전설 하나를 잉태시켰다. 이 석불 배꼽에 신기한 비결이 들어 있어 그것이 세상에 나오는 날 한양이 망한다는 내용이다. 함부로 꺼내지 못하게 하나의 장치를 해 놓았는데, 그 속에 비결만 들어 있는 것이 아니라 벼락살도 함께 들어 있어 처음 손대는 사람은 벼락을 맞아 죽는

도솔암 내원궁

동불암 마애불

다는 것이다. 세상의 변화와 개혁에 목숨을 건 용기 있는 자만이 얻을 수 있는 비결인 동시에 미래의 희망이었던 셈이다.

한편 1820년에 전라감사로 부임해 온 이서구가 마애불 배꼽에 상서로운 기운이 뻗치는 것을 보고 뚜껑을 열었는데 그 속에 책 몇 권이 들어 있었다고 한다. 갑자기 벼락이 쳤고, 놀란 감사는 '이서구가 열어 본다'라는 구절만 얼핏 보고 도로 넣어두었다는 전설까지 함께 내려오고 있었다.

또 선운사와 고창에 얽힌 역사로는 농민항쟁이 있다. 19세기 정조가 죽자 세도정치가 시작되었고, 삼정문란과 더불어 폭정도 시작되었다. 학정을 못 견딘 농민들은 1862년 2월 단성, 진주농민항쟁을 시작으로 전국에서 성난 농심을 바탕으로 봉기하기 시작했다. 민란은 어느 순간 일시적 현상이 아니라 이미 오랫동안 쌓여 있던 불만이 폭발한 것이니 그 불길은 걷잡을 수 없이 전국으로 번지기 시작했다. 결국 1893년 11월 초 이곳과 가까운 정읍에서는 고부군수 조병갑의 악정에 녹두장군 전봉준을 필두로 한 농민항쟁이 시작된다.

이 역사 속에도 전설이 숨어 있다. 갑오년 농민항쟁이 일어나기 전인 1892년 동학교도 접주 손화중의 집에서 회의 끝에 이 비결을 꺼냈다고 전한다. 이전에 이미 이서구가 열어 보았으니 벼락살은 없어졌고 사다리를 만들어 쉽게 뚜껑을 열어 꺼내 갔던 것이다. 이 일로 동학군 수백 명은 무장현감에게 끌려가 비결을 내놓고 두령이 있는 곳을 대라는 문초를 받았다. 결국 주모자 세 명이 처형당하고 나머지는 매를 맞고 풀려났다고 한다. 하지만 그 속에 들어 있는 내용이 무엇인지는 전해지지 않고 그런 일이 있은 후 손화중의 포에 수만 명의 교도들이 모여들었다고 한다. 이러한 사실은 악정과 폭정에 시달리면서 썩어 빠진 세상이 어서 빨리 망하고 새 세상이 오기를 기원하는 민초들의 마음이 담겨 있다고 할 수 있다.

이런저런 생각으로 올려다보는 마애불은 더 힘차고 기상이 넘치며, 방금이라도 농민군을 이끌고 사자후를 토할 것만 같다. 이미 고려시대 이 지역 백성들은 썩어 빠진 세상을 예견했던 것은 아닐까? 미리 그들의 가슴 면면에 강인한 기상을 심어 주며 그렇게 대를 이어 내려왔던 것이라 생각하며 가슴을 쓸어내린다.

이때 가만히 마애불을 번갈아 지켜보던 아들아이의 말이 들렸다.

"아빠, 처음 보는 부처님인데 무섭게 생겼어요!"

"그래? 너처럼 착한 마음이라면 전혀 무서워 할 것 없지. 세상에 죄를 많이 짓고, 남에게 피해를 입혀 가며 자신만 잘 되고자 하는 사람이라면 당연히 무서워할 게다. 절에 들어가서 처음 만나는 사천왕상도 지은 죄가 없다면 전혀 무서워 할 이유가 없듯이 이 또한 같은 이치일 게다."

이 말을 들은 아들은 망설임 없이 염려하던 질문을 해 온다.

"그럼 아빠는?"

한참을 망설이다 이렇게 말했다.

"쪼끔 무섭다!"

나 참, 내 말에 이해를 하고 공감을 한다는 뜻인지 무표정한 아들놈은 침묵에 잠긴다. 여전히 선과 악, 참과 허, 미와 추 사이의 줄타기 인생인지라 서둘러 합장하고 사진에 담는다. 사실 온갖 악행을 저지르면서도 무서워하지 않는 사람들이 더 무서운 법인데.

내려올 때 다시 한 번 들르기로 하고 도솔암 내원궁을 향해 다시 길을 잡는다. 높은 계단을 땀 흘리며 오르니 멀리 높은 하늘이 열려 있고, 반짝이는 햇살에 아들과 나는 인상을 찡그리며 도착했다. 가장 높은 하늘 도솔천에 드는 길에 도착을 하고 보니 그곳엔 작은 암자가 좁은 터를 비집고 들어서 있다. 땀을 닦고 이방인이 되어 '도솔천 내원궁'이란 현판을 단 건물 안을 기웃거리는데, 불경 소리가 계곡을 메우고, 발 디딜 틈 없이 꽉 찬 좁은 법당 안은 이방인의 출입을 거부하고 있다. 그 속에 지장보살(보물 280호)이 모셔져 있다는데 죄 많은 이 몸은 문살에 대고 민머리 지장보살을 상상만 하고 합장한다. 도솔천이란 미륵보살이 이 세상에 하생하기를 기다리며 설법을 하는 곳인데, 이곳에 바로 천상의 세계인 내원궁을 들여놓은 것이다. 미륵보살은 조금 전 뵈었던 마애불로 대신하고, 이곳에는 지장보살이 열반에 든 석가모니와 미래에 올 미륵을 대신하고 있었다.

　간간이 흥얼흥얼 노래도 불러가며 간혹 보살을 닮은 등산객과 마주치며 내려온다. 그러다 내 손을 잡은 아들은 피곤이 몰려오는 듯 눈을 감고 내게 길을 맡긴다. 그 모습이 어느 맑은 동자승을 닮아 있다. 문득 이런 내게 참 아름다운 아들아이를 내려주신 하늘에 감사드린다. 부디 맑고 밝게 자라서 호연지기를 키우고, 뜻하는 바 이루며 지혜롭게 살아가기를 간절히 기도한다. 네가 가는 길이 곧 진리였으면 좋겠다.

　내려와 허기를 매우고 다음 여행지를 향해 길을 잡는다. 이제 사랑하는 아들과 함께 잔잔한 바다가 보고 싶어졌다. 더불어 갈증이 밀려왔다. 아들아이에게 음료를 하나 건네고, 나는 전날 얼려 두었던 캔 맥주를 하나 딴다.

용현리 마애여래삼존상

충청남도 서산시 운산면 용현리

백제인의 슬픈 미소

어제부터 내리던 비는 아침이 되어도 그칠 기미가 보이지 않는다. 밤새 나누던 정겨운 대화와 아침의 맑은 공기로 피곤의 찌꺼기는 이미 내 몸속을 정화시키고 있었고, 분주히 아침을 여는 소리에 잠에서 깨어나 오늘 하루의 일정을 가늠해 본다.

마당엔 초롱꽃이 빗물을 머금어 떨어뜨리며 있고, 비비추가 작은 빗방울에도 간지럼을 탄다. 작은 연못엔 수련 한 송이가 뽀얀 속살을 드러내며 낯선 이방인을 반기고, 얼굴을 내밀어 앵글을 들이대는 내게 부끄럽다며 흔들린다. 이 집의 지킴이 서열 세 번째인 풍산개 장구니는 무심한 얼굴로 경계의 눈총을 보내지만 만사가 귀찮은 모양이다.

아침은 머슴처럼 먹으라는 평소의 지론처럼, 정성껏 마련해 주신 아침상을 한 그릇 뚝딱 비우니 바쁜 농사일에도 이토록 대접해 주신 사모님께 송구스럽다. 여름에 찾아온 손은 호랑이보다 더 무서운 법이거늘 다행히 이른 장마라 더위가 꺾여 있어 다리 뻗고 여유를 부리는 만용을 저질렀다.

얼마를 쉬다가 주섬주섬 봇짐을 챙겨 떠날 채비를 하자니 선생님이 바쁘신 것 같다. 아마도 하루 일정을 모두 사랑하는 사모님께 몽땅 넘겨 접고 나를 위해 길잡이를 해주실 양이다. 더욱 사모님께 죄송한 마음이라 한사코 만류를 해 보았지만 되레 나를 더 걱정해 주시는 사모님의 마음속에 정겨움이 가득 묻어난다. 그렇게 고마운 마음을 안고 빗속으로 길을 떠났다.

멀리 산허리에선 물안개가 그늘져 있고, 흐릿한 밭에선 키 큰 나무들만이 간간이 드러나 잘 그린 동양화 화폭 속으로 빨려드는 느낌이다. 살구 열매가 맛있게 익은 추사 고택을 들르고, 국보 84호 서산 마애여래삼존상을 찾아가는 길엔 길가 물기 머금은 나뭇가지들이 축 늘어져 흔들린다. 어둠에 반짝이는 맑은 빛과는 반대로 어두운 회색빛 하늘같은 차분한 마음가짐이지만 그것도 잠시, 달리는 차창으로 내리는 비를 바라보며 갖가지 상념에서 벗어날 수 없는 나를 본다.

그리 깊지 않은 계곡엔 어제 세차게 내린 비로 인해 커다란 바위 위로 물이 흘러넘치고, 여전히 어두운 하늘과 풍성한 나무 그늘이 한풀 더 덮으니 어둠 속에서 만날 삼존불 생각에 가슴이 일렁인다.

계곡을 이어 주는 다리를 건너 울퉁불퉁 놓여 있는 돌을 밟고 올라 숨이 약간씩 거칠어질 즈음 불이문이라는 소박하게 생긴 문을 만난다. 불이不二, 부처님의 진리가 둘이 아니라 하나라는 뜻으로 부처님의 진리 속으로 들어가는 순간이다. 마음가짐을 새로이 하라는 뜻일 게다. 불교경전 《유마경維摩經》에 따르면 행복이라느니 불행이라느니 하는 것을 불이不二라고 한다. 하지만 앎이 지극히 순수하여 일체의 헤아림을 벗어나며, 지혜가 허공과 같아서 걸림이 없는 그것이 바로 불이의 법문에 들어간다는 뜻이다.

마애여래삼존상

불이문을 지나 고개를 드니 작은 전각이 보인다. 순간 환하게 비추는 붉은 조명이 환상적인 무대를 만들어 놓는다. 삼존불이 있는 곳이다. 언제부터인가 전각을 둘러치고 있는 벽이 허물어지고 자연 바람이 쉬이 들락거리게 해 놓았다. 그동안 보호라는 미명하에 얼마나 답답했을까? 시야를 가려 놓고 답답한 구석에 가두었던 삼존불이 지금은 해방된 느낌일 것이라 생각하니 한결 기분이 좋다. 하지만 보존을 위한 배려였다면 어쩔 수 없는 노릇이다. 1000년을 더 이어갈 우리의 소중한 미소이니 응당 남은 자의 욕심은 접어야 하지 않을까?

기대와 달리 붉은 인공조명에 비친 삼존불 가운데 가장 크게 조성된 여래입상의 시선은 허공을 향해 있으면서 신경은 온통 나를 향해 있는 듯 하며, 조금 작은 오른쪽 관음보살은 살짝 반기며 반가운 표정이 역력하지만 가는 눈매에 묘한 미소가 문득 나의 반쪽 집사람의 모습을 닮아 있어 놀랐다. 그리고 제일 작게 조각된 왼편 유일한 반가상은 오른손 손가락 하나를 볼에 대고 곁눈질로 뜯어 보며 귀여운 모습을 연출하고 있다. 어쩌면 볼 것 다 보고서 몬 본 척하는 새침데기를 보는 느낌이다. 1000년의 세월을 이어 온 삼존불에 이 무슨 무례한 생각인지 시답잖은 속마음이 한심하기 짝이 없다. 서둘러 어설픈 저자거리 감성을 털어내고 합장을 하며 무례에 대한 용서를 빌었다. 또한 주존불이 입상인데 반가부좌한 보살상이 어색하다는 것은 내 머릿속에 각인된 편향된 지식이 주는 한계다.

자세히 보니 연꽃의 광배에 그 주위로 타는 듯 불꽃 모양을 양각해 놓았다. 법의 매무새가 잘 두드러져 볼륨감이 상당한데 기자신앙 탓에 어김없이 코 끝 부분은 수난을 당했다. 깨진 흔적이 마치 인간의 집요한 희망을 보는 것 같다. 또한 삼존불 가운데가 아미타불이니 그 옛날 자고 나면 전쟁과 역병, 부역에 시달리다 세상에 지친 몸뚱아리 기댈 곳 하나 만들어 놓은 것은 아닐지? 지친 민초들의 간절함이 도를 넘자 어느 누가 이곳에 서방정토의 희망을 기원해 놓은 것은 아닐까?

그 때문인지 오른손은 올려 "두려워하지 말라. 내가 있지 않느냐!"는 시무외인施無畏印을 취하고 있으며, 왼손은 "네 소원이 무엇이냐? 내가 들어줄 것이니라" 하듯 여원인如願印을 하고 있다. 오른편 관음보살은 "현세의 지친 영혼을 내가 다스려 줄 테니 너무 아파하지 말라" 하며 상처를 어루만져 주듯 보주를 소담스럽게 감싸 안고 있다. 미래에 출현하는 미륵이 있어 절망하지 말라는 왼편의 보살상이 바로 미륵보살이 되어 희망을 한가득 표현해 놓은 것일 테다. 1000년의 세월을 더 거슬러 올라 당시 민초들의 절박한 삶을 가늠해 보니 어쩜 이리도 순수한 마음일까 싶었다.

그러니 삼존불이 짓고 있는 미소의 느낌에 대해서 한 번 더 생각하게 한다. 바라보는 시각에 따라 미소가 달라진다는 것은 처연한 날씨와 더불어 내 마음과 느낌을 그대로 받아보고 싶은 응당 나만의 욕심이었다. 천장에서 내려 비추는 붉은 조명 빛에 묘한 웃음으로 정해 놓은 미소만 보고가라 박제를 해 놓았다. 불만 섞인 내 감정의 골에서 나온 표현이었을 뿐이다. 날씨의 색상과 상관없고, 내 기분과도 상관없고, 그 날의 계절과도 상관없이, 주위 풍경의 색상과는 동떨어질 수밖에 없으니 더욱 그러하다.

그러나 나는 실눈을 뜨고 보는 재미를 안다. 약한 볼륨은 흐릿해지고 강한 볼륨은 더욱 선명해지며, 빛의 밝기와 어둠이 더욱 대비되는 현상이 눈을 통해 머릿속으로 들어온다. 그렇게 다시 정색을 하고 바라본 미소는 야릇했다. 참 얄궂은 모습이다. 그것이 대화일 수 있고, 진리를 설법했을 수도 있고, 선문답 뒤에 던지는 묘한 미소일 수 있었다. 여기까지가 내게 보여 줄 수 있는 한계점이니 더 이상 알려고 하지 말라, 그 속의 진리는 스스로 깨달아 보라는, 심술궂기도 하고 싱겁게 약 올리기도 하는 웃음이다.

   백제인들이 과연 저런 미소를 품고 살았을까? 백제 불교가 고구려를 통해 들어왔든 중국에서 바다로 들어왔든 백제 불교 또한 독자적으로 중국의 영향을 받았을 것이다. 그렇다고 중국 불교의 영향을 받은 미소라기보다 그 시절의 석수장이의 미소일 게다.

   동행한 선생님은 멀찍이 떨어져 계신다. 그분의 옆모습에 나는 명상에 잠긴다. 순한 마음에서 풍겨 나오는 향기가 삼존불과 함께 바람을 거슬러 내게 전해지는 느낌이다. 그러다 순간 선생님과 눈이 마주쳤다. 역시 빛보다 빠른 것이 사람의 마음인가 보다. 내게 던지는 미소가 마애불보다 더 순하고 아름다웠다. 진정한 백제인의 미소였다.

남산 불상군

경상북도 경주시 남산동

살아 있는 박물관

천년의 고도 경주는 마지막으로 남겨 둔 답사처였다. 가까이 있다고 해서 무작정 몇 번을 다녀오긴 했지만 내게는 여전히 미제로 남아 있는 곳이다. 수많은 불교문화재, 그것에 얽혀 한없이 펼쳐지는 사연들, 역사와 인물과 미술품들이 곳곳에 산재해 있는 곳이기 때문이다. 경주를 답사하고 나면 다른 곳에 대한 신비감이 떨어져 다소 시시한 느낌을 가지게 되니, 이 또한 경주가 우리에게 전해 주는 이야기가 그만큼 우리를 그 속으로 빠져들게 하기 때문이다. 과연 썰렁한 폐사지나, 삐뚤삐뚤 서 있는 석탑 하나를 찾기 위해 산길을 오르는 수고에 힘이 빠지는 경우도 생길 것이다. 그렇기 때문에 애정을 가지고 답사의 마지막에 경주에서 그 정점을 찍길 원한다. 그러니 이전의 경주는 언제가 될지도 모를 답사의 마무리를 위해 단편처럼 한번씩 다녀왔을 뿐이다.

여전히 경주는 나를 유혹하고, 미천한 나의 감성을 자꾸만 자극한다. 그러나 경주는 한 달을 꼬박 찾아도 뭔가 허전하게 느껴지는 곳이며, 도대체가 어디서부터 시작해야 할지 모를 즐거운 고민을 하게 만드는 곳이다.

신라는 시조 박혁거세부터 56대 경순왕까지 992년간 이어진 나라다. 전 세계를 통틀어 과연 1000년을 이어 온 나라가 몇이던가? 그만큼 유구한 역사 속에 산적해 있는 이야기와 문화재는 사람들을 즐겁게 혹은 가슴 아프게 만들기도 한다. 인물과 왕릉, 박물관, 경주 시내, 감포 앞바다, 남산, 낭산과 토함산, 건천에 이르기까지 곳곳에 산적해 있으니 그 규모에 힘이 빠지게 된다. 그러나 욕심 부리지 않고 차근차근 하나씩 시간을 두고 답사를 해 간다면 어느 순간 답사의 고수가 되어 있을 내 모습을 희망해 본다.

신라인의 성지 경주 남산, 남쪽 금오봉에서 서쪽 고위봉에 이르는 기암절벽이 아름다우며 바위의 모양새가 예사롭지 않다. 또 우리 민간신앙과 잘 접목된 우리 민족의 부드러운 심성이 고스란히 담겨 있는 곳이기도 하다. 그렇기 때문에 경주 남산을 일러 살아 있는 박물관이라고 하는지도 모르겠다.

몇 해 전 꽃 피는 봄날에 남산 삼릉골, 혹은 냉골로 오른 적이 있다. 참꽃이 지천으로 피어 있고, 이름 모를 야생화가 계곡 곳곳에 숨어서 피어 있던 추억과 당시의 기억을 더듬어 길을 가다 보니 바위에 걸터앉아 길 앞을 턱 하니 가로막고 있는 돌덩이 하나가 있다. 목 없는 불상이라 애달기는 하다만 머리가 있으므로 해서 생각이 많은 것을 경계하고, 팔과 다리가 있으므로 해서 죄악을 짓는 것을 경계하기 위한 것인지, 또는 토르소 흉내를 내고 있는 것인지 알 수는 없지만 단박 눈길을 사로잡는 것은 앉아 있는 당당함과 옷매무새다. 통견의 법의에 단정한 매듭과 주름, 통일신라의 것으로 보이는 불상이지만 조각수법이 예사롭지 않다.

삼릉골 목 없는 석불좌상

　왼쪽 어깨에서 흘러내리는 옷 주름과 옷을 여민 매듭이 정교하며 단정하다. 이렇듯 사실적인 조각에 당시의 복식 연구에도 도움이 될 법하다. 이러한 단정한 옷매무새 때문에 이 조각상의 머리 부분을 상상하는 데 즐거운 어려움이 따른다.
　지금 모습만으로도 온화한 표정의 내공이 출중한 고승을 연상하기에 충분하다. 그러나 여전히 얼굴 모습이 무척 궁금해진다. 어느 누가 억하심정으로 이토록 목 부분을 갈라놓았는지 모르겠지만 마음 한구석에서 그들의 무모함을 느낄 수 있다. 그들이 나누어 놓은 머리 형상은 지금 어느 골짜기에서 몸과 떨어져 신음을 하고 있을지 알 수 없는 노릇이나 만약 그 짝을 찾는 날이 온다면 이 세상엔 밝은 미래가 열려 있기를 소망해 본다.
　석불좌상에 넋을 놓다 보면 왼편 가파른 길 위 바위에 새겨진 불상

불상　261

삼릉골 마애 선각육존불상

이 보인다. 마애불, 즉 바위에 새겨놓은 불상이다. 높은 돌기둥처럼 생긴 바위 위에 홀연히 서 있는 관음보살상이다. 관음보살, 관세음자재보살로 인도의 보타낙가산에 주거하는 보살이다. 세상의 모든 소리를 살펴서 듣고 대자대비의 마음으로 중생을 구제하고 제도하는 보살이다. 중생에게 두려움 없이 다가오며, 중생을 연민하고, 자애롭게 돌봐주는 이승의 보살인 셈이다.

일반적으로 관음보살은 화려한 보관을 쓰고, 연꽃 또는 버드나무 가지를 들고 있으며, 한 손에는 중생의 두려움을 씻어 주는 정병*을 들고 있다.

이곳 관음보살상은 보관에 화불이 새겨져 있으며, 오른손은 가슴에, 왼손은 정병을 들고 있는 것이 확연히 드러난다. 또한 재밌는 것은 입술이 붉다. 원래 돌의 색상일 수 있고, 아니면 안동 제비원처럼 민간신앙의 추종자들이 일부러 칠을 한 것일 수도 있으나 우연이든 필연이든 애정의 증표이니 더 사랑스럽지 않은가.

조각 연대는 통일신라시대로 추정되나 알 수는 없다. 기대와는 달리 다소 섬세함이 떨어진다. 높은 기둥, 중생을 굽어보는 위치에서 자애로운 미소를 머금은 친근한 표정만 느낄 수 있다면 얼마나 행복한 일인가. 하나의 미술품을 감상하는 것이 아니라 간절한 마음으로 조성 당시 석공의 마음을 차분히 읽다 보면 점점 내 미소도 그와

삼릉골 선각여래좌상

닮아 간다는 것을 알 수 있다. 그것이 내게는 행복이다.

삼릉골 마애 선각육존불상, 참 이름도 길다. 풀어서 쓰자면 삼릉골에 있는 바위에 돋을새김이 아닌 선으로 조각해 놓은 여섯 불상이란 뜻이 된다. 삼릉골을 따라 200여 미터 오르면 커다란 암벽이 앞뒤로 솟아 있다. 선각, 즉 선으로 밑그림을 그리듯 조각을 해 놓은 것이다. 통일신라시대 조성된 것으로 추정된다.

삼존불 중 가운데 아미타불상은 입상, 좌우 협시보살은 좌상인데 본존불은 오른손을 들고 왼손은 배 부분에 놓여 있다. 협시보살은 무릎을 꿇은 채 본존불을 향해 연꽃을 바치고 있는 모습이나 아무리 보아도 왼편의 협시불은 부처님께 차를 공양하듯 보이기도 한다.

바위는 암갈색과 흑색을 강하게 띠고 있는데, 왼편 위에서 오른편 아래로 주름이 있어 마치 커튼이 펄럭이는 공간에서 천천히 등장하는 모습을 연출한 것처럼 보인다. 중생들에게 환한 빛의 세계를 보여주려 한 듯하다. 자연 암반에 조각할 능력이 없어서 선으로만 만든 것이 아니다. 자연 암반 굴곡의 흐름을 이용한 것이다. 또한 인체를 데생하듯 완벽한 비례와 분할이 잘 이루어져 있어 보통 이상의 수준임을 알 수 있다.

오른편 뒤 선의 암벽에는 이전 것과는 반대로 본존불 석가모니불이 좌상이며, 협시보살은 입상으로 되어 있다. 옆의 것과 같은 조각 수법이며, 광배는 두광과 신광으로 나타냈으며 좌상 아래 연꽃잎의 연화대좌를 조각했다. 자세히 들여다보면 발바닥의 모양새까지 표현되어 있어 세밀한 부분까지 세심하게 조각해 놓았다는 것을 알 수 있다. 이 또한 자연 암반에 주름진 흐름을 그대로 이용하고 있어 너머의 이상처럼 부처님 세상을 중생들이 환상의 눈으로 바라보게 하려는 숨은 의도가 있었던 것은 아닌지 억척이 든다. 욕심 같으면 표정 하나하나까지 읽어 보려 했지만 자세히 알아보지 못해 아쉽다.

경주 문화해설사들의 능력은 다른 지방의 해설사들을 능가한다. 예를 들어 이런 식이다. 오른편에 있는 석가모니가 속세와 인연이 다한 영가(영혼)를 앞의 극락세계를 주도하는 아미타불에게 보내는데 석가는 앞아서 보내고, 중생의 두려움을 없애 주고 위안을 주는 시무외인*을

---

* 불교의 의식구, 관음보살의 대표 지물, 인도에서 '정병'은 스님이 마실 물을 담던 수행 도구의 하나였으나 5세기 초 관음보살이 버드나무 가지와 맑은 물을 중생에게 받은 후, 그들의 병을 치료해 주었다는 내용이 실린 《청관세음경》이 중국에 알려지면서 불교의 의식 구도로 의미와 기능이 확대되었다.

하고 있는 아미타불은 서서 영가를 받는 모습이라는 것이다. 어쩜 이런 해설이 가능한지 그저 그 지식이 부럽고 경이로울 뿐이다. 다만 속세 즉 사바세계는 우리말로 인내忍耐라는 뜻이 들어 있으니 인내하며 살아가기를 인내하고 또 한다.

　암반 위에는 그 옛날 불상들을 보호하기 위해 전각이 있었던 것으로 보이는 구멍이 나 있으며, 빗물이 바위로 흘러내리는 것을 막기 위해 가로로 길게 홈을 파 놓았다. 기원하며 경배하는 마음이 담겨 있지 않다면 생각할 수 없는 것이다. 또 앞의 것이 부처님을 위한 보살들의 직접적인 공양을 표현한 것이라면, 오른편 뒤의 것은 부처님을 보좌하며 중생을 구제하는 보살들의 모습을 표현해 놓지 않았을까 하는 생각이 든다.

　선각육존불에서 한참을 오른다. 숨소리가 거칠어지기 시작할 무렵 눈앞에 짠 하고 나타난 것이 바로 선각여래좌상이다. 선각이라지만 얼굴 부분에 약간의 볼륨이 있으니 선각에 양각의 맛을 살짝 보여 주고 있어 심심하지 않게 시선을 잡는다. 아래에서 보면 높은 암벽에 조각되어 있어 정면에서 바라보는 표정을 감히 읽어낼 수는 없으나 그래도 가는 눈매, 꼭 다문 입, 둥근 얼굴이 고려 무신정권 시기 불상, 무골의 기운을 연상케도 하고 어찌 보면 안동의 하회탈이 연상되기도 한다. 선각에 조각되지 않은 양쪽 뺨 부분이 진해 부풀어 오른 듯 보여서일 게다. 조성 시기는 알 수 없으나 언젠가 아들과 단 둘이 갔던 고창 선운사 동불암 마애불이 떠오른다.

불상　265

언젠가 지면을 통해 삼릉골 석불좌상의 복원이 이루어졌다는 소식을 들었다. 깨어진 턱 부분을 시멘트로 덧발라 놓아 심술궂은 인상, 불상 뒤 깨져 흩어진 광배가 볼수록 안타까웠는데 결국 복원을 해 놓았단다. 그 소식을 듣고 설레는 마음으로 찾았다. 화사한 모습을 한 불상이 목욕재계를 끝내고 막 미련한 중생을 받아들이고 있었다. 광배도 없어진 부분은 새로 맞추고, 흉하게 보이던 턱도 깨끗하게 복원해 놓았다. 그러나 약간 아쉽게 느껴지는 것은 매우 아름다운 섬약한 미소년의 얼굴로 만들어 놓았다는 것이다.

팔각의 지대석 위에 간주석 받침인 굄돌 두 단을 놓고 그 위로 팔각의 간주석 위에 연꽃이 위로 펴진 앙련인 연화대좌가 있다. 그 위에 단정하게 결가부좌를 한 불상은 주름진 옷매무새의 조각이 부드럽고 풍부한 몸에 어깨는 당당해 새로 만들어 올린 불상의 표정과는 다소 동떨어진 느낌이지만 예전의 모습을 생각하면 감격의 눈물이라도 흘릴 법하다. 그동안 불상 뒤로 흩어져 있던 광배 조각도 온전한 모습으로 짜 맞추어 놓았다. 덩굴무늬의 당초문에 두 줄의 볼륨감 있는 원을 만들고 원형의 두광과 타원의 신광이 깨끗한 질감은 보는 사람을 기분 좋게 한다.

상선암 마애여래 대불상을 찾았으나 새 단장 중이라 오랜 시간 보고 싶어 했던 모습을 가림막 사이로밖에 볼 수 없었다. 헉헉대며 육중한 몸을 이끌고 올라간 벗에게 정말 미안했다.

공사 가림막 때문에 대불상도 답답한 표정이 역력하다. 아쉬운 마

---

* 수인, 손의 모습, 오른손을 꺾어 어깨 높이까지 올리고 다섯 손가락을 가지런히 펴서 손바닥이 밖으로 향하게 한 형태. 즉 아미타불의 수인인데 '두려워하거나 걱정하지 말라' '내가 모두 들어 주겠노라' 라는 뜻이 담겨 있다.

음에 지난날 긁적거려 놓았던 글로 감상을 대신해 본다.

가파른 언덕길을 오르며 힘들다 생각할 때즈음 작은 암자가 반긴다. 이름하여 남산 제일 높은 곳에 위치한 상선암이다. 잠시 땀을 식히고 물 한 모금으로 속을 달랜다. 빗줄기가 오락가락하는 것이 꼭 변덕스런 내 마음 같다.

상선암을 뒤로하고 다시 위로 올라 커다란 바위에 새겨진 석가여래좌상을 만난다. 작은 바위 공간의 넉넉한 암벽에서 근엄한 표정의 마애불이 내려다보고 있다. 나를 보는 것이 아니라 멀리

삼릉골 석불좌상, 최근 복원되었다

경주 시내와 물결치는 산과 하늘을 마주하며 굽어보고 있다. 굽어본다는 것은 세상의 일들을 굽어 살펴본다는 뜻일 게다!

남산 마애불 중 가장 큰 불상이다. 두툼한 입술, 가지런한 눈썹과 둥근 얼굴이 거대하면서도 인자한 느낌을 풍긴다. 가늘고 기다란 눈매는 내 속내를 다 알고 있는 듯하다. 머리 부분만 양각을 했으며, 밑으로 내려올수록 선각으로 조성해 놓았다. 이 또한 몸체 부분이 양각으로 되어 바위에서 나오길 기다리는 민초들의 염원을 기원하는 마음이 담겨 있는 듯하다.

통견의 법의 주름이 부드러우며 흐름이 자유스럽다. 옆에서 바라다보니 머리를 아래로 숙이고 있다. 나름대로 카메라를 세로로 세워 고개

를 위로 치켜들게 보이도록 담았다. 불상 어깨 선 옆으로 진달래가 바위틈을 비집고 앙증맞게 피어 있다. 자연이 부처님께 꽃 보시를 하신 게다.

경주 시내가 훤히 내려다보이는 곳에서 바람을 맞고 잠시 휴식을 취하고, 비어 있는 속을 초콜릿과 생수로 달래며 잠시 쉬다 상사암으로 향했다.

상사암, 상사병 걸린 사람이 기도를 하면 치유해 준다는 말에 나는 실소를 한 적이 있다. 상사병이 없으면 나는 무슨 낙으로 살아갈까? 짝사랑의 극치는 바로 상사병이 아니던가. 부족한 인간이기에 있을 수 있는 병이며, 여린 마음이기에 생길 수 있는 병이며, 순수한 정신이기에 가슴에 비집고 들어올 수 있는 병이기 때문이다.

높이 13미터의 우람한 바위, 짝사랑의 전설이 아프게 담겨 있는 바위가 영험하다니 믿음이 곧 신기가 아닐까? 가운데 가로로 기다란 사각의 감실*이 있으며 감실 옆 작은 돌이 하나 괴어 있다. 석불입상이라고 하는데 도무지 알아볼 수가 없다. 민간신앙과 불교가 접목된 현장이다. 머리 부분은 없고 몸체만 남아 있어 쉬이 알아보기가 어려웠던 것이다. 바위 왼편에 민망스럽게도 남자 성기의 형상을 한 바위가 비스듬하게 세워져 상사바위 분위기에 한몫을 한다.

가운데 감실에 돌을 던져 올리면 소원을 들어준다는 전설이 있다.

삼릉골에서 올라 금오산 정상에서 바람을 맞으며 한숨 돌리고 용장사지로 내려온다. 용장사에는 신라 경덕왕 때 태현 스님에 대한 일화가 있는 것으로 보아 이미 그 이전부터 용장사라는 절집이 있었음을 알 수 있다. 또한 김시습이 노닐던 곳인데 김시습은 속俗과 승僧의 경계에서

상선암 마애불 　　　　　　　　마애불 옆모습

줄타기하며 살았던 인물이며, 바로 이곳에서 최초의 한문소설인 〈금오신화〉를 집필했다. 김시습은 전국의 명산을 두루 찾아다녔으며 만년에는 부여의 무량사에서 생을 마감했다. 김시습의 호 매월梅月은 '금오산 매화의 달그림자가 창에 가득하다'는 구절에서 따온 것이라고 하는데, 김시습은 유儒, 불佛, 선仙 동양 3대 정신을 아우르는 사상가이자 타고난 천재성과 문장으로 일세를 풍미한 기인이었다. 그는 시대의 고아였으며 결코 불의와 타협하지 않았다고 한다. 그래서일까 이곳에선 김시습이 초당을 짓고 〈금오신화〉를 집필하는 모습이 떠오른다.

　　이런 사연만으로는 조선 전기까지 있던 절집이 어느 날 무슨 연유로 폐사의 고통을 겪었는지 알 수 없는 노릇이나 당당한 삼층석탑과 원형 삼륜대좌불상, 늘 감회를 새롭게 하는 마애불상이 남아 있어 절이 있던 당시의 맛을 느끼게 해 준다.

얼마를 내려갔을까? 순간 발아래 시원한 시야를 마련한 삼층석탑이 보인다. 아마도 역으로 올라오는 길을 택했더라면 고갯마루 느티나무 아래 서서 집 나간 자식을 기다리는 어머니 모습이었을 게다. 그러나 나는 아래를 내려다보고 있는 탑의 뒤에서 탑과 함께 한 곳을 향해 바라보는 행운을 맛본다. 가슴이 서늘해지는 느낌이다. 내가 탑을 보는 것이 아니라 탑이 나를 본다는 생각과 탑이 바라보는 것을 몰래 훔쳐보는 이방인이라는 생각이 더해지기 때문이다.

한참을 앉아 있었다. 발아래 탁 트인 공간을 두고 멀리 산머리가 청회색의 파도를 치는 모습과 산허리 아래를 말없이 바라보고 서 있는 석탑은 흘러온 인생의 파노라마를 가슴에 묻어둔 채 자연을 닮아 가는 오래된 노신사의 뒷모습이기도 했다.

삼층석탑은 기단이 하나로만 되어 있다. 기단 아래 자연 암반이나 이곳 산 전체를 하부 기단으로 삼으니 자연 위에 올린 장대한 석탑이라 할 수 있다. 그러므로 산 전체가 하나의 석탑이 되는 것이다. 또한 1층 몸돌이 훌쩍 커서 솟는 느낌을 주며, 모서리 기둥 우주가 조각되어 있어 그 느낌을 더한다.

또한 승과 속의 경계를 마음껏 오간 매월당 김시습의 흔적도 남아 있으니 숙연한 마음이 된다. 매월당이 바라보며 사색하고 치성을 드렸던 그 석탑이 지금 내 발아래 있는 것이다. 언제고 김시습에 대한 글을 모아 느낌을 적어 보고자 하나 아직은 그 내공이 모자람을 안타까워할 뿐이다.

지붕돌의 반전이 날리지 않아 경쾌하고 매끄러우며, 1층 몸돌의 굄대는 이중으로 각지거나 둥근 형태로 되어 있어 석탑 조성 시기를 가늠할 수 있게 한다. 탑 가까이 다가서 올려다보는 곳에는 머리에 하늘을 한껏 들여놓고 있으니, 하늘의 기상을 땅속 깊은 곳까지 받아 우리의 평안을 비는 경외의 경지에 이른 모습이다. 이것이 절터보다 더 높은 곳에 석탑을 조성하게 된 동기가 될 법도 하니 홀로만의 상상으로 고개를 끄덕인다. 경주 석가탑을 닮은 정형화된 우수한 석탑이다.

당당한 기상이 하늘을 담고, 하늘의 뜻을 우리 세상에 전한다. 믿음과 신앙이 살아 있는 석탑이 되는 것이다. 다시금 하부 기단을 생략함으로써 산 전체를 석탑으로 삼은 그 지혜와 기상에 감복한다. 간혹 얼굴에 핀 검버섯처럼 세월의 흔적에 낀 마른 이끼가 질감과 어울려 바위와 산과 멀리 하늘과 하나로 조화된 완벽한 작품이다.

다소 험한 바위를 내려오면 먼저 눈에 띄는 것이 삼단으로 된 원형의 삼륜대좌 위에 앉아 있는 목 없는 불상의 뒷모습이다. 그러나 석탑보다 지나치기 쉬운 바위 벽면에 인사를 하는 마애불을 먼저 만나볼 수 있다.

첫 느낌에 바로 감탄사가 흘러나온다. 적당한 크기, 알맞은 비례, 인자하고 정겨운 모습이다. 내가 가장 사랑하는 불상이다. 머리는 나발인데 옹다문 입술이 정겨워 자꾸만 손을 대고 싶은 욕심이 생긴다. 까치발을 들어 손으로 살짝 입술을 만져보았다. 온몸에 전율이 흐르는 느낌이다. 사랑하는 여인의 입술을 가만히 애무하는 느낌보다 더 심한 전율이 일었다.

아쉬운 마음으로 하나하나 바라보면, 어깨까지 내려온 귀, 가는 눈과 긴 눈썹, 둥근 얼굴이 풍만하며 넉넉한 표정으로 베어 문 입술 때문에 볼이 통통해 보조개가 난 모습이다. 목에는 삼도三道 즉 보살상의 삼도와 달리 생사生死를 윤회하는 인과因果를 나타내는, 혹도惑道, 또는 번뇌도煩惱道, 업도業道, 고도苦道를 의미하고, 원만하고 광대한 불신佛身을 나타내는 상징적 형식인 주름이 나 있다.

당당한 어깨와 법의는 통견으로 섬세한 옷 주름, 자연스럽게 흘러내려 정밀하게 새긴 법의와 화려한 연꽃좌대에 눈길이 간다. 또한 광배는 두광과 신광

용장사지 마애불

이 있으며 수인은 마귀를 굴복시키는 항마촉지인이다. 두광과 신광은 음각으로 두 겹 둘러쳐져 있다. 어느 방향에서 보나 안정감을 주기 위한 조각 기법이라 가까이 가서 자세히 살펴보니 두 겹의 줄 위에 바깥으로 한 겹 가늘게 더 생겨나 있다. 우리가 느끼지 못하는 사이에 더욱 완성미를 주기에 충분해 보인다. 또한 결가부좌한 다리 아래 연꽃좌대가 화려하게 피어 있다. 어쩌면 하늘에서 방금 내려온 모습이고 어찌 보면 우리의 눈앞으로 다가왔다 다시 멀어져 하늘에 둥둥 떠다니는 모습이다.

서산 가까이 걸려 있는 태양빛이 엇비스듬히 반사되어 양감이 두드러져 보이는데, 이로 인하여 더욱 신비로운 느낌을 주고 있다. 바라보

는 각도에 따라 장엄하거나 환상적이며, 마치 연꽃을 타고 바위 속에서 사바세계를 향해 막 출현하는 색다른 분위기를 연출해 주니 신앙의 유무를 떠나 고개가 저절로 숙여지며 숙연한 마음이 된다. 나도 모르게 불손한 행동과 마음에 두 손을 모아 합장을 한다. 그러나 시선을 거두기 아쉬워 다시금 실눈을 뜨고 바라보니 온화한 표정이 더욱 선명해지는 맛이 있다. 보고 또 바라보고, 눈길은 욕심을 부려 보나 서산으로 향하고 있는 삼단원형좌대에 올려진 불상의 뒷모습이 질투에 섭섭해 보인다.

삼륜대좌 석불좌상은 마애불과 방향을 달리 서산을 향해 앉아 있다. 큰 자연석 위에 도넛처럼 둥근 대좌를 세 단 올리고, 제일 위의 대좌는 꽃잎이 위로 향한 연화문으로 되어 있다. 대좌에 비해 다소 불상이 작은 느낌이 드는 것은 머리 부분이 없어져서가 아닐까 짚어 본다. 불상은 마귀를 굴복시킨다는 항마촉지인을 하고 있는데 일반적인 불상과 반대로 되어 있다. 상주 남장사의 비로자나불상의 수인도 반대로 되어 있어 의문을 가지고 동행한 답사도반 선배가 스님께 여쭤본 적이 있었다. 당시 스님의 답이 걸작이었다.

"아 그거, 만드는 사람의 깊은 뜻을 다 알 필요 없지."

우문명답이지만 사람을 참 썰렁하게 만드는 재주에 문득 얼굴이 붉어진 기억이다. 언젠가 지난 답사에서 어느 누가 내게 힌트를 준 적이 있다. 팔이 아파 잠시 바꿔서 앉아 있는 것이라 한다. 참 재밌는 해석이다.

삼단의 둥근 대좌 위에 당당히 앉아 있는 형태지만 윗부분의 연화대좌 위에 엉덩이 아랫부분이 앙련으로 조각되어 있고 앞부분은 가사가 내려와 현대식 커튼처럼 예쁘게 주름 잡혀 연꽃방석을 덮고 있다. 다시 한 번 사실적 묘사의 처진 옷 주름을 감상한다. 참으로 멋쟁이 불상이었으리라 상상해 본다.

"스님을 따라서 너무 돌다가 보니 머리가 떨어진 거지요!"

신라시대 대현 스님이 염불을 하며 불상 주위를 돌면 이 불상도 따라서 돌았다는 이야기가 전해져 오기 때문이리라.

이 불상 또한 도괴당한 것을 1932년에 제자리에 놓았다고 하지만 지금의 방향이 맞는 것인지는 모를 일이다.

용장사지 삼륜대좌 석불좌상

용장사지의 마애불과 원형불좌대 불상을 만나고 내려오는 길, 오늘 하루 긴 남산길 일정은 여기서 마무리하며 완전한 하산 길로 접어든다. 나는 가끔 오던 길을 되돌아보는 버릇이 있다. 여전히 미련이 남지만 앞만 보고 걸었을 때 보지 못했던 감동의 장면들을 횡재하듯 가끔씩 만나기 때문이기도 하다. 어린 시절 추억을 반추하듯이…….

내려오며 보니 산허리에서 용장사지 삼층석탑이 어여 가라 손짓하며, 서산으로 지는 해를 말없이 받아 삼키고 있다. 마지막 남은 토막 빛까지 온몸으로 받으며 아쉬운 작별을 고하고 있었다. 국방의 의무를 다하러 떠날 때 시린 가슴을 참아 내며 높은 언덕에 서서 내내 손짓하던 어머니 모습이다. 곧 어둠이 찾아오겠지만 그는 여전히 그 자리에서 말없이 서 있을 것이다. 누구는 멋있다고 표현을 하지만 나는 자꾸만 쓸쓸하고 외롭다는 생각을 한다. 그러나 과감히 미련을 떨쳐 버린다. 미련은 또 다른 미련을 잉태하기 때문이다. 그러나 마음 한구석에 그 모습이 늘 잔상처럼 나타나곤 한다.

  산을 내려와 수제비로 허기진 배를 채우고, 잠시 여유도 없이 길을 잡는다. 바로 막 내려온 반대편 동쪽의 남산을 찾기 위해서다. 그러나 배를 채우고 나니 어둠이 내려앉은 깜깜한 밤이 되어 있었다. 지난 날 경주 분황사, 황룡사지 그리고 지금 찾아가는 남산에서 달빛 기행을 한 기억이 새록새록 떠올랐다. 당시의 분위기를 느끼고 싶어졌다. 동행한 벗에게 미안한 마음이 들어 가부를 물어보았으나 이제 이 양반도 나 때문에 답사환자가 다 되었다.

  "기회가 있을 때 가 봅시다."

  내게는 역시 신나는 대답이었다.

  어둠에 찾아가는 길이라 어렵다. 길도 바뀌고 이정표도 바뀌어 한참을 헤맸다. 어두운 산길을 헤드랜턴 불빛을 빌어서 올라가는 길, 적막의 산길의 고요를 이방인 둘이서 깨운다. 바스락거리는 소리 뒤에 흐르는 정적을 즐기고, 간혹 입에서 거친 숨소리도 튀어나온다. 그러다 어느 순간 어두운 공간 감실을 만나게 된다. 보통 감실 입구에 촛불을 켜 두고 치성을 드리는 사람들이 있게 마련인데 오늘따라 아무도 없다. 우리를 위해 고요한 공간을 마련해 준 것이라 생각하며 불빛을 비추는 순간 짠 하고 나타나는 작은 불상 하나.

  우리는 아무 말도 할 수 없었다. 그 모습은 지금까지 봐 온 근엄하고 장엄한 불상이 아니라 그 옛날 어머니가 정화수 떠 놓고 치성을 드리는 모습이었다. 그러나 불빛을 비추는 위치에 따라서 예쁜 누님의 모습도 보이고, 첫사랑의 모습도 보이는 신기가 있었다. 온화한 모습, 고개를 다소곳이 숙인 모습, 그렇게 크지 않은 바위 속에 다소 투박한 아치형 입구가 있으며, 그 안에 부조로 조각되어 있었다. 양손을 소맷자락에 넣은 채 가부좌를 틀고 앉아 있으며, 머리는 작은 육계*가 있는데 머리를 틀어 올린 단정한 어머니 모습이다. 또한 주름진 얇은 천 조각보 위에 앉아 있는 모습이 더없이 정겹다.

남산 감실부처

이곳의 불상은 불교와 민간신앙이 가장 잘 접목된 신앙의 상징물이다. 불교가 막 들어온 직후에 조성된 것으로 보이는 신라 불상 중 가장 오래된 불상이다. 이곳도 절터의 흔적은 남아 있지만 지금은 이렇듯 홀로 외로움을 즐기고 있을 뿐이다.

나는 이 불상을 볼 때마다 어머니를 그린다. 정성을 드리는 어머니의 마음이요, 고난은 그저 당신 대에서 끝나주기를 간절히 기원하는 순한 심성의 모습을 닮아 있기 때문이다. 큰 기침 소리조차 낼 수 없는 정적이 흐르고, 숙연한 공간의 분위기를 타고 고요한 가슴이 된다. 어머

---

* 부처의 정수리에 있는 뼈가 솟아 저절로 상투 모양이 된 것. '무견정'이라고도 한다.

불상 277

보리사 석불좌상

니 마음에 기대어 나도 모르게 소원 성취를 비는 약한 마음이 된다.

올려다본 하늘엔 반달이 은은하게 비추고 큰 별이 반짝이고 있다. 이곳에 앉아 옛 퉁소 소리를 듣는다면 얼마나 환상적일까 하는 생각을 해 본다.

지난 기억을 더듬으며 보리사로 향했으나 입구가 쇠사슬로 가로막혀 있다. 너무 늦은 밤이라 산문을 걸어 놓은 것이다. 그 가운데 정중한 문구가 쓰여 있었다. "개조심."

보리사 석불좌상 광배 조각

보리사 석불좌상은 우리나라에서 제일가는 미남불이라 할 수 있다.

보리사는 《삼국사기》에 그 이름이 등장할 정도로 유서가 깊은 절이다. 보리사 옆을 지나 위로 향하다 보면 가히 대한민국 한류의 대표 스타 배용준, 이병현보다, 아니 우리 어머니가 가장 좋아하시던 탤런트 이정길보다 훨씬 잘생긴 불상을 만날 수 있다.

팔각의 지대석에 연꽃이 아래로 향한 복련이 겹으로 쌓여 아름답게 조각되어 있고, 그 위에 삼단의 굄돌과 그 위로 역시 팔각의 간주석과 복련 조각이 크지도 작지도 않은 비율에 맞게 놓여 있다. 그 위로 항마촉지인을 한 석가모니불이 결가부좌하고 있다. 머리는 나발이며, 귀는 어깨까지 길게 내려 있고, 반듯한 이마와 입술이 매력적이며, 단아한 얼굴에 온화한 눈매가 가히 인상적이다. 얼굴 크기에 비해 몸집이 왜소한 것이 흠이지만 얼굴만큼은 정말 빼어나다.

　법의는 통견이며 화려한 옷 주름이 얇게 되어 있지만 어색하지 않다. 또 하나 매력적인 건 불상의 뒤를 받치고 있는 광배 조각이다. 불상과 다른 돌로 덧대어 놓았는데 앞면에 상문과 당초문이 조각되어 있고, 두광 위 가운데에는 화불이 있다.

　뒷면에는 약사여래불이 얇게 돋아 있다. 약사여래불은 우리의 고뇌와 고통과 아픔을 치유하는 부처님이다. 즉 동방세계의 부처인데 그렇다면 앞의 불상은 아미타, 즉 서방정토를 관장하는 불상이어야 한다. 내 눈에는 아무리 보아도 그냥 석가모니불이다.

　맑은 밤하늘에 마음을 풀어놓은 탓인지 또 다른 욕심이 일어난다. 바로 '화랑의 집' 가까이 있는 서출지와 남산동 삼층석탑이다. 달빛기행이란 거창한 단어를 떠올리며 애써 멋을 찾아간다.

　역시 감흥은 새롭다. 반달과 별과 대화하는 남산동 삼층쌍탑이 교교히 서 있었다. 우리는 캔 맥주 하나를 따서 즐기고, 더 이상 석탑을 해체하며 따지기를 그만두었다. 이상의 분위기만 즐기며 돌아서 오는 발길은 분위기에 취하는 방랑자가 된다. 일상의 의무는 잊은 지 이미 오래였다.